「反日」の構造

中国、韓国、北朝鮮を煽っているのは誰か

西村幸祐

Nishimura Kohyu

文芸社文庫

マトリックスとしての「反日」
——文庫版まえがきに代えて

日本がかつてない危機に見舞われている。それは「大東亜戦争」敗戦よりもはるかに大きな危機である、と本書に収録した「〈反日ファシズム〉の襲撃」で八年前に私は述べていた。もっと丁寧に説明すれば、ここで次のような但し書きを書かなければならない状況が、日本の危機の本質なのである。それは、「大東亜戦争」という言葉を使用する理由を、いちいち述べなければならないということだ。危機の本質は、まず、そこにある。

というのも、現在、一般的なメディアや学校教育で、「大東亜戦争」という言葉は何か必然的な理由があった場合にしか使われず、その代わりに「太平洋戦争」という言葉の使用をメディアが自主規制として課し、言葉の自由を制限しているからだ。つまり、「大東亜戦争」という言葉を死語として認知するシステムが長い時間をかけて構築されてしまったのである。

私たち日本人は、言論、表現の自由が大切で、それを保証しているのが日本国憲法だと耳にタコができるほど教えられてきたが、実際はこのように言葉を規制することで言論と表現、そして思想の自由が奪われていることに気づいていない。

今年、平成二十四年（二〇一二）は戦後六十七年ということになるが、常識的に戦後何年という言い方をするのは、せいぜい戦後十年までであり、世界中どこの国でもそれが一般的な呼び方だ。ところがわが国の場合は、敗戦七年後に占領が解かれ国家主権を恢復《かいふく》してから六十年になるのに、いまだに戦後何年という呼称が通用している。

なぜ、そうなるのだろうか？　答えは簡単だ。昭和二十年（一九四五）の日本敗戦後、日本を占領した連合国軍総司令部（ＧＨＱ）が最初に行ったことが、「大東亜戦争」と「八紘一宇《はっこういちう》」という言葉の禁止だった。日本占領にあたって米国は、まず思想統制から着手するために日本人が使っていた言葉を禁じたのである。「八紘一宇」は世界は家族という意味で「大東亜戦争」のスローガンだった。「大東亜戦争」はいうまでもなく、真珠湾攻撃で火蓋を切った米英との戦争の名称だった。

昭和十八年（一九四三）に外務大臣重光葵の提言で大東亜会議が開かれ、満洲国、中華民国（南京の汪兆銘政権）、タイ、フィリピン、ビルマ、そして自由インド臨時亡命政府のそれぞれの代表者が東京で一堂に会した。そこで決議された大東亜共同宣言は英国と米国が昭和十六年（一九四一）八月に提唱した大西洋憲章に対抗するもので、白人の植民地支配を否定し、有色人種に対する人種差別撤廃を掲げていた。

自分たちに分が悪くなるようなものを戦勝国側は見過ごすわけにはいかなかった。

その結果、日本人が自分たちの戦争に名づけた「大東亜戦争」が「太平洋戦争」に置き換えられたのだが、「太平洋戦争」は米国人が使用した言葉であり、米国が「太平洋戦争」を戦ったのは歴史的事実である。しかし、日本人は「大東亜戦争」を戦ったのであり、「太平洋戦争」を戦ったわけではなかった。すなわち、日本人がこの戦争の失敗や敗戦の理由を考えるとき、「大東亜戦争」と言わずに「太平洋戦争」と言うのであれば、主体性をもって第二次大戦を捉えることは決してできない。

いつまでたっても、日本人が主体的に「先の大戦」を相対化し、客観的な評価ができない理由もそこにある。したがって、〈戦後〉は永遠に続いて行くことになる。

このような説明をわざわざ冒頭でしなければならないことが、現在の私たちの危機の本質であることを再確認したい。つまり、現在の日本人は自らを見つめる座標軸をあらかじめ失っているのである。自分が何者であるかも分からないまま、日本人は漂流する日本列島の上で閉塞感に囚われたまま、ただただ内部から反日日本人に蝕《むしば》まれ、外部からの反日攻撃に曝《さら》されているだけなのだ。

日本人の思考や観念で、そして私たちの視点で歴史を捉えられなければ、他者の恣意に委ねたままに自らの来歴を語るしかないであろう。そうすると過去の〈事実〉は他者の眼と観念で解釈されたものになり、自分たちの言葉で〈現実〉を見ることができできなくなるのだ。自分たちの言葉を失った日本人は、歴史も現在の事象も〈仮想現実〉になってしまう。日本人をそこまで追い込んでいるのが〈反日というシステム〉なのである。

占領が終わり、占領軍の言論統制からまぬがれ、検閲が終わったにもかかわらず、日本人が「大東亜戦争」という言葉を自主検閲で葬ったときから、そのシステムが起動したのである。

そして、監督ウォシャウスキー兄弟による映画「マトリックス」の主人公、トーマスのように、日本人は自分たちを非難の渦に永久に巻き込む世界が〈マトリックス〉=〈仮想現実〉であることに気づかないまま〈反日の構造〉の中に埋没してきたのだ。これは、文学的な修辞で弄んでいるのではなく、決してただの比喩でもない。事実、平成二十三（二〇一一）年十二月に韓国で持ち上がった日本軍の慰安婦問題への動きは、馬鹿馬鹿しいほど仮想現実の世界ではないか。ソウルの日本大使館前に十二月十四日午前十時時過ぎに設置された慰安婦を表したブロンズ像は、戦地娼婦であった現実の慰安婦とかけ離れた観念と恣意によってフォルム化された、まさに〈マトリックス〉としての〈従軍慰安婦〉なのである。

沖縄の集団自決も同じである。歴史事実としての悲劇である集団自決は、生活に苦しい住民たちに「格別な配慮」（牛島中将）をして国からの補償金を得てもらうために現地司令官が「軍命令」を出したことにしたのが、いつの間にか〈仮想現実〉として「日本軍が住民に集団自決を強要した」という虚構が事実になってしまった。いわゆる南京虐殺も、バターン死の行進も、同じことなのである。

しかも、これらの歴史事実だけでなく、〈戦前の日本＝悪〉というあらゆる観念が反日システムを起動する基盤となって無数のＩＣチップと化しているのだ。このＩＣチップはウイルスにも化ける。〈反日ウイルス〉として現在の日本を蝕んでいるのである。

本書は平成十六年（二〇〇四）の奇しくも真珠湾攻撃記念日の十二月八日にＰＨＰ研究所から出版された『「反日」の構造』の文庫版である。久しぶりに通読すると、わが国の状況がほとんど何も変わっていないことに唖然とせざるを得なかった。と同時に、日本を覆い尽くす〈マトリックス〉の壁がいかに厚く、強大なものであることを再確認したのである。

映画「マトリックス」にたとえれば、さしずめ読者の方がキアヌ・リーブス扮するトーマスになって、今まで現実と思っていた自虐史観や贖罪的世界観が、反日ウイルスによって作られた〈マトリックス〉であることを認識してほしい。この世が〈仮想現実〉であることを知ると、トーマスはネオという別人格になるのだが、一読した読者にはぜひネオになってもらい、現実世界で人工知能としての反日ウイルスと戦ってほしい。

「第一章〈反日ファシズム〉の襲撃」は、書き下ろしである。歴史認識問題から拉致問題を概説した。さらに外国人参政権の危険性にも触れたのだが、それを目標にしている民主党が権力を握った今、日本を解体する最も危険な兵器として私たちに向けられている。昭和という時代の区分を大東亜戦争に敗れた昭和二十年（一九四五）とするのでなく、日本が主権恢復をした昭和二十七年（一九五二）とするべきと明記した。

「第二章　メディアの解体——ワールドカップと北朝鮮報道の正体を暴くネットの力」はスポーツジャーナリストだった私がこのジャンルの文章を初めて書いたものだ。十年前の二〇〇二年日韓ワールドカップの取材をしながらメディアの報道に違和感を覚えていたが、九月十七日の小泉首相の北朝鮮訪問で拉致を金正日が認めたことから、朝鮮半島を舞台にしたワールドカップと北朝鮮の拉致を共通の視点で透視してみた。執筆は平成十四年（二〇〇二）の十二月だったが、当時、救う会の母体だった現代コリア研究所発行の「現代コリア」に平成十五年（二〇〇三）三月に発表した。

「第三章『2ちゃんねる』は〈閉ざされた思考空間を破る〉」は、初めて「正論〈産経新聞社〉」に執筆したもので、ネット掲示板「2ちゃんねる」と岩波書店、朝日新聞という戦後サヨクの牙城を対比させた思い出深い論文である。今読んでも左系旧メディアがネット言論の台頭に苛立っていたことがよく分かる。

「第四章　拉致家族と『朝日新聞』&筑紫哲也の深すぎる溝」は初めて「諸君！」（文藝春秋）に執筆した評論だ。この種の文章で前述の「メディアの解体」に次ぐ二作目の作品で、今は亡き筑紫哲也批判の第一弾だった。また、北朝鮮報道の問題点を告発した。

「第五章　北朝鮮を崩壊させる法、あります」は金正日が死亡した今こそ、多くの人に読んでもらいたいレポートだ。脱北者で当時、韓国紙「朝鮮日報」の北朝鮮担当記者だった姜哲煥《カンチョルファン》氏をインタビューした。彼の口から語られる北朝鮮の強制収容所の凄惨さは言語を絶するものがある。姜哲煥氏はその後、ホワイトハウスでブッシュ大統領とも面会を果たしている。

「第六章　八月十五日、靖国参拝に雨が降る。」は終戦記念日を取材したもので、平成十五年（二〇〇三）のこの日の天候は土砂降りになった。午前中から何人かの参拝者をインタビューしたルポルタージュだが、陸軍航空隊特攻教官だった田形竹尾氏はすでに故人となり思い出深い作品だ。ここで触れているNHKの偏向番組は非常に巧妙に作られていたが、その後の様々な偏向報道、捏造番組を予感させる。

「第七章『冬ソナ』と日韓友好ブームに潜む危機」は韓流ブーム批判の先駆的評論となった。昨年フジテレビデモが盛んに繰り広げられたが、その原点が本稿にある。

当時はNHKだけに顕著だった問題が、結局、全てのテレビ局に拡散した、つまり、事態はより悪くなっているということだ。

「第八章　終わりなき中国の『反日』――アジアカップ中国大会で見えたもの」は平成十六年（二〇〇四）に支那で開催されたアジアカップを舞台に、政治とスポーツの関係を考察したものだ。たんに、支那の反日運動がスポーツ大会でどのように展開されたのかというレポートではない。スポーツを政治に従属させる全体主義国家を告発し、四年後の北京オリンピックを予見したものになっている。

「第九章　殉職――外交官・奥克彦氏と井ノ上正盛氏の『日本』」は、イラク戦争のさなか、イラクで殉職した二人の外交官を描いたもの。イラクへ赴任したばかりの外務省の奥克彦氏と井之上正盛氏が銃撃で死亡した。悲劇的な二人の死から彼ら外交官の人生の軌跡を追った。そこから見えてきたのは戦後日本のあまりにもあいまいな姿だった。奥氏の早大ラグビー部時代を知る宿澤広朗氏、石塚武生氏も執筆過程で取材したが、日本ラグビー史に輝くこの二人の名ラガーたちも、その後若くして病に斃れたことが残念でならない。

はじめに

日本が危機に瀕している。それも、有史以来最大の危機と言っても過言ではない。六十七年前に日本は戦争に負けたが、あの敗戦を遥かに上回る危険な情況に陥っている。

そもそも、現在の危機の本質を自覚できないこと自体が、最大の危機なのだ。拉致問題、領土問題、安全保障問題、歴史認識問題という国外からの攻撃は、中国、韓国、北朝鮮の〈反日トライアングル〉から向けられたものだが、その〈反日トライアングル〉に攻撃の武器を供給し、援助し続けているのが日本なのだ。

その構造をもっとも分かりやすく表しているのが拉致問題だ。拉致という長期間行われているテロは、北朝鮮からの攻撃だけでなく、それを支える日本国内の反日勢力なしでは決して成功しないミッションだった。

日本を内部から侵食するのは反日外国人だけでなく、日本人の政治家、官僚、メディアもそれらの攻撃に加担し、参加し、大掛かりな隠蔽《いんぺい》工作も行っていた。そうでなければ、四十年以上にもわたって継続されていた同胞への拉致という攻撃など、とっくに防がれていたからだ。

それと同時に重要なのは、拉致に象徴される〈軍事的〉攻撃と同じように、日本が〈文化的〉侵略にも侵されていることだ。

日本は、まず文化が内側から破壊されようとしている。その端的な例は言葉狩りだ。テレビを中心に、この十年以上の間に急速に広まった日常語に「旦那」がある。「旦那」は「主人」という日本語を破壊し尽したようだ。

無意識の内に、ある意図的な方向へ民衆をリードするのは、全体主義の特徴だが、反日ファシズムとでも言える新しい全体主義が日本を蝕《むしば》もうとしている。

アメリカ流のポリティカル・コレクトネス（政治的正当）という幼稚な概念に、マルクス主義の残滓《ざんし》を掛け合わせた〈ジェンダーフリー〉という凶器は、「看護婦」という言葉まで抹殺しようとしている。

そして、言葉狩りはますます先鋭化し、メディアの言論弾圧に等しい言論規制コードは、皇室にも触手を伸ばしている。

「天皇皇后両陛下」「皇太子殿下」「皇太子妃殿下」「愛子内親王殿下」といった言葉が、ＮＨＫをはじめすべてのメディアからほとんど抹殺されている。

皇族に「様」という言葉が平然と使用され、「ベッカム様」から、果ては「ヨン様」までと均質化され、日本国憲法で定める〈日本の象徴〉である天皇への文化レベルの攻撃を担っている。

　意識的か無意識かは別問題としても、日本国憲法原理主義と言えるメディアほど、この点に関して憲法違反をリードする傾向が強いのは皮肉である。

　だが、そんな反日全体主義に反旗を翻《ひるがえ》しつつある若い世代が登場した。平成十四年（二〇〇二）からの十年間で、日韓ワールドカップ、北朝鮮の日本人拉致、支那の反日覇権主義を、新しい文脈で読み解こうとする人々の反乱が始まっている。彼らには、ワールドカップと北朝鮮問題、そしてメディア偏向によって誕生した民主党政権の実態で「反日の構造」が見えてしまったのだ。

　まずメディアに疑いを持つ作法を身につけた彼らは、ネットで声を出し始め、もっと普通の国になりたいという心情を吐露《とろ》している。

　それは、十年前にワールドカップを開催したことから来る、ある意味当然な流れであり、政治主義に根差したノイジー・マイノリティだけに日本を動かされては堪《たま》らないと思い始めたサイレント・マジョリティが掲げた、自分たちも社会へ参加できるというメッセージを発信し始めたことに他ならない。

　十年以上前のことだが、ワールドカップ開催前によく訊かれたのが、ワールドカップって何ですか？　という質問だった。いつも、私はそれに「〝黒船〟です」と答えていた。

「国際化」という日本語は自動詞だが、西欧の言語では「internationalize」という英語が示すように他動詞である。

だが、二〇〇二年にワールドカップの自国開催を〈体感〉できた人々は、「国際化」を他動詞としても意識できるようになった。これがワールドカップ最大の収穫である。

本書には、平成十五年（二〇〇三）から平成十六年（二〇〇四）にかけて雑誌に発表した原稿を加筆し、新たに書き下ろしを加えて収録した。前代未聞の日本の危機を敏感に感知した人々に読んでいただき、〈普通の国〉にするヒントを見つけていただければ幸いだ。

目次

「反日」の構造——中国、韓国、北朝鮮を煽っているのは誰か

亡き父の霊前に

第一章

〈反日ファシズム〉の襲撃

〈客観的な敵〉という概念の導入は、全体主義体制が機能するためには、誰が現時点での敵であるかをイデオロギーに基づいて決定することよりも重要である。

単にユダヤ人もしくはブルジョワを絶滅するというだけのことだったら、全体主義的支配は、ただ一度巨大な犯罪を行った後に正常の生活と正常の統治方法の日常性に復帰するものと一応考えてもよかろう。

周知のように事実はその逆なのである。〈客観的な敵〉という概念はイデオロギー的に規定された敵に対する憎悪よりも長い生命を持つ。

（ハンナ・アーレント）

変異し獰猛に生き続ける〝アジアの妖怪〟

一匹の妖怪が北東アジアに現れた。

妖怪が生まれた正確な年月日は不明だが、どうやら八〇年代に胚胎《はいたい》されたらしい。その妖怪は、日本で生まれたのちに細胞分裂を繰り返し、北東アジアを覆《おお》い尽くすように拡散し、東アジア全体に分布するようになった。

妖怪は各地に棲息《せいそく》していた別の妖怪と交配を繰り返し、それぞれの場所で新種に変異した。そして八〇年代終わりに、妖怪は劇的な進化を遂げる。

より凶暴な性格と強靭《きょうじん》な体軀《たいく》、生命力、さらに繁殖力を獲得したのだ。おまけに妖怪どうしの意思疎通《そつう》能力が高まり、遠隔の妖怪たちが強力なネットワークを形成した。

じつは一九八九年十二月二日は、百四十一年前の一八四八年に「ヨーロッパに現れた一つの妖怪」(「共産主義宣言」)が長い生涯を閉じた、しめやかな葬儀の日だった。この日、マルタ島でアメリカの父ブッシュ大統領とソ連のゴルバチョフ書記長が「冷戦終結宣言」を行ったからだ。

だが、ヨーロッパの妖怪は完全に絶命したわけではなく、まだ余命があったアジアの妖怪に転生(リインカネーション)し、乗り移っていた。さらに冷戦終結の約十一カ月前に、昭和天皇が崩御《ほうぎょ》したことが日本の妖怪たちの動きを活発にしてしまったのだ。

それ以来、アジアの妖怪たちは変異し獰猛《どうもう》に生き続け、北東アジアだけが二十世紀の遺物である冷戦構造に捉われることになってしまった。

＊　＊　＊

これは根拠のない架空の物語では決してない。一つの仮説として順序立てて現代史を俯瞰《ふかん》すれば、新しい視野が開けてくる。日本の危機を取り巻く、文化的、歴史的、地政学的位相から、現在の日本の危機の本質が明瞭になる。

つまり、安全保障や政治的危機のように思われているものが、じつは日本のアイデンティティを揺るがす文化的、歴史的危機にまで及んでいるということなのだ。

実際、大東亜戦争で敗戦した六十七年前より、現在の日本は、よりラディカル（「根源的」という意味で）な危機に見舞われているのではないだろうか。

なぜなら、日本自らが、妖怪に育てられた〈反日〉という〈種《スピーシーズ》〉を胚胎してしまい、東アジアの三カ国、中国、韓国、北朝鮮に日本から散布された〈種〉が各地の妖怪に再生産され、それらが呼応しているからだ。そんなブーメラン現象のような反日攻撃に私たちは曝《さら》されている。

さらに問題なのは、大東亜戦争敗戦時より、現在進行形の日本のほうが大きな危機に瀕しているという認識を、多くの日本人がなかなか持てないことにある。

なぜなら、昭和二十年（一九四五）八月十五日の〈敗戦〉を時間と空間の分水嶺とする、戦前と戦後に日本を分ける歴史認識だけが常識となってしまったからだ。

じつは、昭和という時代を時間と空間で歴史的に区分すれば、その区切りは昭和二十年八月十五日でなく、昭和二十七年（一九五二）四月二十八日に求められるべきなのだ。昭和二十七年四月二十八日は、前年九月九日に日本が調印したサンフランシスコ平和条約が発効し、日本が主権を恢復《かいふく》した日なのである。

つまり、日本が被占領国でない独立国となった日まで、憲法こそ日本国憲法という占領憲法に変わっていたが、大日本帝国は占領下で論理的に継続していたのだ。にもかかわらず、昭和二十七年四月二十八日を分節点としない歴史認識に日本は支配されている。危機の源泉はそこにある。

自らの意思で六十年間成長しなかった国

では、なぜ、現在の日本のほうが昭和二十年（一九四五）八月十五日より危機的状況なのであろうか？

ポツダム宣言を受諾し武装解除したときから昭和二十七年（一九五二）四月二十八日まで、日本は軍事占領下という戦争継続の状態だった。その六年八カ月の占領下で日本が奪われたものを取り返せないまま、六十年の時間が経過してしまったのだ。

日本が占領され、下部構造から上部構造まで根こそぎ連合国に支配され、連合国に好ましくないと思われる日本的なものが収奪され遺棄《いき》されていった占領下の時期より、それらを独立後六十年も恢復できないままの二十一世紀の今日の日本の姿は、まさに死に絶えようとする日本が一糸まとわぬ傷だらけの姿でそのまま提示されているようなものである。

日本に向けられた連合国（United Nations＝国際連合）の敵国条項がいまだ存在しているのは象徴的だ。アメリカ占領軍ＧＨＱの実験材料のサンプルとしてケースの中に置かれていた状態のほうが、ケースから抜け出してアメリカの庇護《ひご》の下、何とか独立国として過ごして来た六十年後よりまだ遥かに安全だったのだ。

問題は、保育器から抜け出したままの柔らかい肌と未熟な筋肉組織と内臓で、外気に曝《さら》されたまま、日本が主体的に自らの意思をもって六十年間も成長できなかったことにある。おまけに脳と中枢神経まで未発達のままだ。

そんな状態で獰猛な野獣たちの中に放り込まれても、日本が他者の存在と自分たちの危機を無意識に過ごして来られたのは、アメリカの庇護があったからだ。

一方、日本を保育器で育てたあと、庇護し、利用してきたアメリカはどうか。パトリック・ブキャナン氏が『病むアメリカ、滅びゆく西洋』（成甲書房　二〇〇二年）で指摘するまでもなく、〈システムとしてのアメリカ〉は大きな危機を内包している。

二〇〇八年はリーマン・ショックに襲われ、米国は実質的に経済破綻しているという人もいる。

だが、ここに至っても日本は、病魔に冒された庇護者に頼らなければ、自分の足で歩くことも不可能なのだろうか？

自らの病いの重大さに気づいたアメリカが、日本を庇護し続ける可能性はない。あるとしても、日本の富や技術を利用し尽くし、朝鮮半島と中国の防波堤として自治領のような形で利用するしか日本を庇護するメリットはない。

ここで日本は敗戦後の占領期間で喪《うしな》ったものを取り戻さなければ、意思も持てないまま迫り来る冷戦後の世界構造の変化の渦に沈み込んでいくしかない。

〈反日メカニズム〉にどう対峙するか

もう一度ここで昭和二十七年（一九五二）四月二十八日に立ち還《かえ》ってみれば、この日を重要な日として位置づけられなかった戦後日本の位相こそ、すべての危機の原因になっていることが理解できる。

日本が自ら宿した反日のソースも、その位相に縛られた狭い視座の中に求められる。日本の左翼勢力がサンフランシスコ平和条約調印を認められなかったことは象徴的なのだ。

だが、冷戦下で西側陣営だけとの条約締結で独立した日本は、じつは、一九五二年の地点から一九八九年の冷戦終結を三十七年間先取りしていたとも言える。そして、それゆえに、日本の左翼勢力は反日という志向性しか持てない畸形《きけい》になってしまった。

日本で培《つちか》われた反日というコンセプトが、このように中国、韓国、北朝鮮で反響し増幅する無限循環のメカニズムになった。私たちは、そんな〈反日メカニズム〉にいったいどう対峙《たいじ》していけばいいのだろうか？

それにはまず、占領下六年八カ月の位相転換と、それによってもたらされる戦後に対する視座の変革が必要になる。そこで得られたスキームこそ、新しいパラダイムシフトの梃《てこ》になるのだ。

占領下で喪ったものを恢復し、昭和二十七年の時点から戦後五十九年間の位相を転換することでしか、日本の将来を開く道はない。占領下六年八カ月の視座の変革こそが、いま求められているのだ。

循環する反日の再生産システムに楔《くさび》を打ち込み、無間《むげん》地獄のサーキュレーションから脱出することで、まったく新しい視座を獲得できるのである。

だが、ここに来て反日はますます猛威を振るっている。一九八九年の冷戦終結が昭和という時代の終焉《しゅうえん》に重なっていたことが、事態をさらに厄介なものにした。昭和天皇の崩御は、まさに〈象徴〉の終焉だった。

と同時に、冷戦の終焉がもたらした〈反日の国際化〉が妖怪の隠れ蓑《みの》となって機能し始めたのもこの時期だった。昭和天皇崩御が、そんな〈反日メカニズム〉の始動を加速させてしまったのだ。

では、六年八カ月の占領期間は日本から何を奪ったのだろうか？

占領期の歴史研究もやっと最近端緒についたばかりだが、少なくとも江藤淳氏の先駆的な一連の業績によって『閉された言語空間――占領軍の検閲と戦後日本』（文藝春秋　平成元年・一九八九）が明らかにしたように、日本人は奪われた言葉と検閲によって「閉された言語空間」に拘束されていた。

それは言葉を換えれば、〈思考空間〉が閉ざされていたということに他ならない。間違いなく六年八カ月の占領期は、歴史学的にも日本精神史の空白となったのだ。

閉ざされた〈大東亜戦争〉

改めて考えれば、日本が戦争に敗れ国土を蹂躙《じゅうりん》され占領されたのは、有史以来初めてのことだった。こんな当たり前のことが忘れ去られているのも、六年八カ月の占領期に起因する。

占領期という日本精神史の空白に焦点を当てれば、なぜ日本人が主体的に自らの歴史を語れなくなったのかという問題も解き明かされるはずだ。と同時に、それは〈大東亜戦争〉をどう評価するのかというテーマに論理的に行き着き、明治以降の近代化の矛盾を捉え直す作業にも繋がる。

残念ながら、その作業は平成十四年(二〇〇二)に急逝した坂本多加雄氏の『日本は自らの来歴を語りうるか』(筑摩書房　平成六年・一九九四)や西尾幹二氏の『国民の歴史』(産経新聞ニュースサービス　平成十一年・一九九九)など少数の優れた著作が現れるまで着手さえされなかった。

大東亜戦争を客体化する試みこそ歴史認識の最初のステップであるはずなのだが、戦前の皇国史観の裏返しとしてのマルクス主義史観が戦後日本の歴史研究の潮流になり、大東亜戦争を客観的に歴史の文脈の中で相対化する精緻《せいち》な研究が疎《おろそ》かにされてきた。

残念なのは、むしろアメリカのほうがそういった研究が進んでいて、ジョン・ダワー氏が一次資料を駆使して著した『容赦なき戦争』(平凡社　一九八六年)が、見事にその試みに成功している。

ダワー氏は注意深く戦争中の宣伝ビラやプロパガンダも検証し、西欧社会から文化的に劣っているという人種偏見に基づいた日本人像がアメリカの戦争を遂行させたことを描いている。アメリカが日本に対して行った焼夷弾《しょういだん》による絨毯《じゅうたん》爆撃や原爆投下が、人種差別による大量殺戮《さつりく》であることを証明したのだ。だが、『容赦なき戦争』から日本の現代史研究家やジャーナリズムは何も学んでいないという現実が問題なのだ。

二〇〇四年度アカデミー賞の長編ドキュメンタリー賞を受賞した『THE FOG OF WAR』は、マクナマラ元米国務長官が、大東亜戦争から国務長官として対峙《たいじ》したキューバ危機、ベトナム戦争までを回想するドキュメンタリーだった。

この中でマクナマラ氏は、ハーバード大学経営学大学院助教授として、対日戦術やプロパガンダの基となるデータ解析を行い、経営管理の理論を応用して攻撃効率を高めるための報告書を作成するが、それを基に日本に無差別絨毯爆撃が行われたことを懺悔《ざんげ》している。

「勝ったから許されるのか？　私もルメイも戦争犯罪を行ったんだ」（註1）という彼の告白は、『容赦なき戦争』から十八年後に得られたジャーナリスティックな歴史認識の成果であるが、日本側からは歴史学も含めて、このような大東亜戦争を相対化するための試みがあまり見られない。ほとんどが〈戦前の日本＝悪〉という前時代的な硬直したものになっている。

林房雄氏の『大東亜戦争肯定論』は名著であるが、彼は歴史学者でなく文学者だ。歴史の文脈で大東亜戦争を相対化する作業を通り越して一種の文明論になってしまったのは致し方ないが、現代史からのアプローチがないことも、日本の歴史学の退嬰《たいえい》と危機を象徴している。

日本人の歴史学者が〈大東亜戦争〉という言葉を使わないことがすべてを物語っている。結局、彼らは「閉された言語空間」から自由になれないまま〈閉ざされた思考空間〉での認識に終始している。

占領下六年八カ月の位相転換と、それによってもたらされる戦後に対する視座の変革のためには、まず〈大東亜戦争〉という言葉を使うことで、閉ざされたドームの被膜を切り裂かなければならない。

占領期にアメリカに奪われた言葉としてまず挙げられるのが、〈大東亜戦争〉という言葉であり、戦争スローガンにもなっていた〈八紘一宇《はっこういちう》〉という言葉も抹殺された。いずれにしても、日本人が主体的に過去を引き受けるためには、どうしても〈大東亜戦争〉という言葉を使わなければならないのだ。

五十年以上続くメディアの自己検閲システム

敗戦後、日本は昭和二十七年（一九五二）四月二十八日まで占領下に置かれていた。敗戦という決定的で壊滅的な打撃を受けたものの、占領軍に支配されたまま保護されて復興を果たし、〈閉ざされた思考空間〉を形成するドーム状の被膜に覆われたまま、六十年の時間が流れた。

もしかしたらアメリカは日本人に気づかれないように巧みにドームを透明にしたの

かもしれないが、その存在を認識しないままドームの中でヌクヌクとしてきた日本人の責任も問われている。

昭和二十三年（一九四八）に、アメリカ占領軍ＧＨＱのＣＣＤ（民間検閲支隊）は事前検閲を事後検閲にシステムを改めるのだが、それには日本メディアの自己検閲能力を占領軍が信用できるという前提が必要だった。つまり、その時点でＧＨＱは、日本メディアにオートマティカルな自己検閲機能が備わったと認識したということに他ならない。江藤淳氏はこう書いていた。

「いうまでもなく、それは、すでにあの『ウォー・ギルト・インフォーメーション・プログラム』に明示されていた通り、日本人のアイデンティティと自己の歴史に対する信頼を、あらゆる手段を用いて崩壊させずんば止まず、という執拗《しつよう》な継続的意図に支えられていた。

それればかりではない。いったんこの検閲と宣伝計画の構造が、日本の言論機関と教育体制に定着され、維持されるようになれば、ＣＣＤが消滅し、占領が終了したのちになっても、日本人のアイデンティティと歴史への信頼は、いつまでも内部崩壊をつづけ、また同時にいつ何時《なんどき》でも国際的検閲の脅威に曝《さら》され得る。それこそまさに昭和五十七年（一九八二）夏の、教科書問題のときに起った事態であることは、あらためてここで指摘するまでもない」（『閉された言語空間』）

山本武利早稲田大学教授は保阪正康氏との対談（「二つの占領——狼のイラク、羊の日本」『諸君！』平成十六年一月号）で、「昭和二十三年に、朝日新聞社の嘉治隆一出版局長が『各自の心に検閲制度を設けることを忘れるならば、人災はたちまちにして至るであろう。事後検閲は考えようによれば、自己検閲に他ならぬわけである』と部下たちに『自己検閲』を呼びかける文献を見つけました」と述べている。

日本メディアの虚構は、二〇〇二年のワールドカップ開催と小泉首相の北朝鮮訪問で、すべてが暴《あば》かれ、それまでも指摘されていた偏向と情報操作の実態が多くの人に認知されたが、じつは、このように昭和二十三年から続いている自己検閲システムが前提にあったのだ。

つまり、六十年以上継続する検閲システムは、七〇年代までマルクス主義に補強され、八〇年代から新たな反日主義によってバージョンアップしたものだった。

日本を基点として冷戦構造を支える国際ネットワーク

私が提示した、冷戦終結と昭和天皇崩御が重なる、八〇年代末期からの反日主義の浸透は、偶然にも平成五年（一九九三）に書かれた江藤淳氏の『閉された言語空間』「文庫版へのあとがき」と符合していた。

「米占領軍の検閲に端を発する日本のジャーナリズムの隠微《いんび》な自己検閲システムは、

不思議なことに平成改元以来再び勢いを得はじめ、次第にまた猛威を振いつつあるように見える」（『閉された言語空間』文春文庫）

それはまた、日本がドーム＝〈閉ざされた思考空間〉内に置かれていたからこそ、冷戦終結後二十三年もたつのに、妖怪たちが日本国内で冷戦構造を維持していられる構造を許してしまったということに他ならない。

日本の〈革新〉や〈リベラル〉というものが、およそ、その字義と正反対の〈反動〉と〈統制〉という言葉で置き換えられてしまったのも必然的だった。なぜなら〈閉ざされた思考空間〉の中で冷戦を継続させ、反日だけがアイデンティティになってしまったからだ。

そこで、反日主義以外の本来の日本的な〈リベラル〉な言論、思想をなりふりかまわず組織的に抑圧し、弾圧する〈反日ファシズム〉がサヨク勢力によって形成されてきたのである。

〈反日ファシズム〉は、日本を基点とした中国、韓国、北朝鮮の北東アジアの反日三カ国のイデオロギーと補完し合うもので、一九八九年に死滅した東西冷戦構造に代わる国際ネットワークであるとも言える。「新しい歴史教科書をつくる会」の誕生を側面から支えたのが「自由主義史観研究会」であったことはあまりに象徴的だ。歴史の皮肉と言わずして何と言ったらいいのだろうか？

拉致問題が象徴するもの

占領期間という日本精神史の空白の中に我々が置き忘れたものは、いったい何だったのだろうか？　敗戦後六十七年、主権恢復後六十年で、日本は不当に奪われた領土すら恢復していない。

北方領土も竹島も、そして尖閣《せんかく》諸島さえも実効支配できていない。日本が領土を恢復するには、まず精神の失地恢復が必要なのではないだろうか？

そんな戦後情況を何よりも端的に象徴するのが拉致《らち》問題だ。喪った領土と同じように日本はテロ行為によって略奪された国民を取り返すことさえできない。日本人の精神的な失地恢復なしに拉致問題の全面解決はほど遠いのだが、戦後の〈閉ざされた思考空間〉に捉われたメディアとジャーナリズムがそれを阻害してきたのだ。北朝鮮の国家権力とは別に反日組織や反日勢力が拉致に協力してきたことは間違いない事実だが、それを見過ごし擁護《ようご》してきたのは、反日メディアである。

平成十六年（二〇〇四）十月十五日、特定失踪者問題調査会で、すでに拉致の疑いが濃厚だとリストアップされていた加瀬テル子さんの写真が、北朝鮮から持ち出されたものだと報道された。

六月に、脱北者がもたらした写真が特定失踪者の藤田進さんの写真だと鑑定されたが、加瀬さんの写真も同様のケースだった。

注目すべきは、加瀬さんが拉致されたのは、なんと昭和三十七年（一九六二）だったということだ。以前から特定失踪者問題調査会の荒木和博代表は、早い時期から広範囲にかけて拉致が継続的に行われていたと語っていたが、加瀬テル子さんの存在がそれを証明した。それと同時に、拉致という対日工作は、金正日《キムジョンイル》の思いつきの国家犯罪ではなく、父親の金日成《キムイルソン》の時代から組織的に行われていた、ある意味、北朝鮮の国家事業とも言えるテロだった可能性が大きい。

そのあたりは全貌の解明を待ちたいが、加瀬さんの場合や翌三十八年（一九六三）に拉致された寺越武志さんが、偶発的か計画的かは別にしても、在日朝鮮人の帰還事業が行われていた昭和三十年代に拉致されていたことは事実である。

北朝鮮の関与を認識した時点で、なぜ動かなかったのか

それにしても三十、四十年の間、ほぼ継続的に拉致の被害を受けていたにもかかわらず、事態を看過《かんか》してきた国と政治家とメディアの責任は重い。

少なくとも昭和六十三年（一九八八）三月二十六日の参議院法務委員会で日本共産党の橋本敦参議院議員が拉致〈疑惑〉として取り上げたとき、梶山静六国家公安委員長が「北朝鮮の疑いが濃厚」と答弁したときから、政府やジャーナリズムは大きく動

かなければならなかった。

橋本敦参議院議員は一年前の大韓航空機爆破事件に関連してこう質問した。

「警察としてはこの恩恵《ウネ》なる人物は日本女性で、日本から拉致された疑いが強いと見ているんじゃありませんか」

これに対し、政府委員として出席していた警察庁の城内康光警備局長は、「そのように考えております」と答え、さらに橋本議員はこう質問をした。

「それが事実はっきりいたしますと、これはまさに外国からの重大な人権侵犯事件であり、我が国の主権をも侵害する重大な事犯の可能性を含んでいる重大な事件であるですから、これがはっきりしますと、当然本人の意思を確認して、主権侵害の疑いがあれば現状恢復を要求するなど、政府としての断固たる措置をとる必要がある。外務大臣、いままでの捜査の経過、答弁をお聞きになって、どう御判断されるでしょうか」

さらに法務委員会の審議は続き、橋本議員は、昭和五十三年（一九七八）七月（地村さん夫妻）と八月（蓮池さん夫妻）、わずか二カ月間に四件にわたって若い男女が突然姿を消したこと、さらに、レバノン人女性と韓国の映画監督夫妻の拉致に触れた後、こう続けた。

「外務大臣、自治大臣にお聞きいただきたいんですが、この三組の男女の人たちが行方不明になってから、家族の心痛というのは、これはもうはかりがたいものがあるんですね。

実際に調べてみましたけれども、六人のうちの二人のお母さんを調べてみましたが、心痛の余り気がおかしくなるような状態に陥っておられましてね、それで、その子供の名前が出ると突然やっぱりおえつ、それから精神的に不安定状況に陥るというのがいまだに続いている。

それからある人は、夜中にことりと音がすると、帰ってきたんじゃないかということで、その戸口のところへ行かなければもう寝つかれないという思いがする。それからあるお父さんは、突然いなくなった息子の下宿代や学費を、いつかは帰ると思って払い続けてきたという話もありますね。

それから、ご存じのように新潟・柏崎というのは長い日本海海岸ですが、万が一水にはまって死んで浮かんでいないだろうかという思いで、親が長い海岸線を、列車で二時間もかかる距離ですが、ひたすら海岸を捜索して歩いた。あるいはまた、一市民が情報を知りたいというのは大変なことですけれども、あらゆる新聞、週刊誌を集めまして何遍も何遍も読んで、もう真っ黒になるほどそれを読み直している家族がある。

こう見てみますと、本当に心痛というのはもう大変なものですね。（中略）

こういうことで、この問題については、国民の生命あるいは安全を守らなきゃならぬ政府としては、あらゆる情報にも注意力を払い、手だてを尽くして、全力を挙げてこの三組の若い男女の行方を、あるいは恩恵を含めて徹底的に調べて、捜査、調査を遂げなきゃならぬという責任があるんだというように私は思うんですね。

　そういう点について、捜査を預かっていらっしゃる国家公安委員長として、こういう家族のいまの苦しみや思いをお聞きになりながら、どんなふうにお考えでしょうか」

　ここで、国家公安委員長だった梶山静六氏はこう言い切った。

「昭和五十三年以来の一連のアベック行方不明事犯、おそらくは北朝鮮による拉致の疑いが十分濃厚でございます。解明が大変困難ではございますけれども、事態の重大性にかんがみ、今後とも真相究明のために全力を尽くしていかなければならないと考えておりますし、本人はもちろんでございますが、ご家族の皆さん方に深いご同情を申し上げる次第であります」（傍点西村）

主権侵害意識が希薄な国の悲劇

　その後、捜査機関は動き出し、昭和六十三年（一九八八）年五月六日に数カ月の尾行張り込みの結果、日本に潜入していたよど号ハイジャック犯の柴田泰弘が東京で逮捕され、五月二十五日には北朝鮮から帰国して防衛大学に工作活動を行っていた柴田泰弘の妻、八尾恵も神奈川県警外事課に逮捕された。

　しかし周知のように、そのあとは捜査が進展するどころか、平成二年（一九九〇）

五月には、田口八重子さん拉致に関与した朝鮮総連（在日本朝鮮人総聯合会、以下総連）の大物商工人、安商宅《アンサンタク》の家宅捜査の前日に突然捜査が打ち切られてしまった。

おまけに平成元年（一九八九）には、韓国で逮捕され死刑判決を受けていた原敕晁《ただあき》さんの拉致実行犯、辛光洙《シンガンス》が社会党を中心とする超党派の国会議員の署名による「在日韓国人政治犯の釈放に関する要望」の対象者の中に含まれていて、釈放されてしまう。

国家保安法違反で死刑囚になっていた辛光洙を釈放した韓国も異常だが、恩赦《おんしゃ》要請の署名をした土井たか子氏、菅直人氏ら北朝鮮族議員の動きはスパイ罪（スパイ防止法は一九八五年に朝日新聞や社会党、共産党によって成立が阻止されていた）や外患誘致罪に等しく、この時点で辛光洙を逮捕できなかった日本の国家権力の脆弱《ぜいじゃく》さには驚くばかりだ。

安商宅の捜査が打ち切られたのは、間違いなく警察権力の上層部からの圧力である。北朝鮮利権に漬かった政治家とメディア、サヨク志向から北朝鮮の立場に立つジャーナリズム、事なかれ主義の官僚たち――。これらの人間たちが、北朝鮮の手先としていとも簡単に籠絡《ろうらく》され、反日活動に従事していった。

警察庁や公安、防衛庁は少なくとも七〇年代末から拉致が行われていたことを認識していたはずだ。傍受した暗号無線は絶えず解析されていたのである。にもかかわらず、スパイ防止法はおろか主権侵害の意識も持てない日本の防衛力の脆弱さのため、何一つ敵に対峙しようとしなかったのが戦後日本の真実なのだ。

日本が主権恢復をした昭和二十七年（一九五二）四月二十八日の重要性を何回か述べたが、このように、拉致という侵略行為も、現在問題となっている東シナ海の海底資源や尖閣、竹島の領土侵犯も、すべて主権意識をないがしろにする日本が招いた当然の帰結なのだ。

平成十六年（二〇〇四）十月の臨時国会で審議が予定されている外国人参政権付与案も、国民主権を踏みにじるものだ。しかも、メディアが外国人参政権問題を隠蔽《いんぺい》したまま審議入りさせようとしているのは、この法案の問題点を国民に隠すためなのだ。

これらすべてが、国家主権、国民主権の意識を低下させようとする反日勢力の工作活動とリンクしている。これで果たして、日本は独立国家と言えるのだろうか？

家族会・救う会の絶望の深さ

拉致問題の資料を収集し取材を続けていて驚くのは、平成十六年（二〇〇四）の二回目の小泉訪朝のあとに家族会（「北朝鮮による拉致被害者家族連絡会」）・救う会（「北朝鮮に拉致された日本人を救出するための全国協議会」）が訴える声明が、過去のメッセージとディテールや表現の違いこそあれ、内容がほとんど同じだということだ。

そんな資料や証言に接すると怒りを覚える以上に、家族会の人々の底知れない絶望を垣間見たような気がする。とても他者では触れ得ない絶望の深さだ。彼らの訴える内容が変化していないということは、拉致問題はほとんど進展していないということだ。以下の救う会の声明が、いつ出されたものか分かるだろうか？

いま、北朝鮮に援助するのは、単に拉致問題の解決にマイナスになるだけでなく、「人道」の美名の下に北朝鮮民衆を弾圧する体制を支援する、文字通り反人道的行為である。

以上の立場から、私たちは日本政府に対し次の各点を求めるものである。

1. 日朝交渉の正式議題として拉致された人々の帰還を北朝鮮に要求すること。
2. 拉致問題に明確な進展が見られない限り一切の援助をしないこと。
3. この交渉で北朝鮮側が誠意ある姿勢を見せなかったり交渉を打ち切った場合は、全面的かつ強力な制裁を断行すること。
4. 北朝鮮の内部崩壊などの事態に備え、拉致された人々の救出のための組織作りを緊急に進めること。

この声明が出されたのは今年でも去年でもなく、なんと平成十一年（一九九九）十二月十九日なのだ。まだ、ほとんどの国民が拉致問題に関心を寄せなかった時期で、初の小泉訪朝の三年前の出来事なのだ。だが、注意深く読めば、彼らの要望が現在と変わっていないことに気づくはずだ。

報道の背後で繰り広げられる熾烈な情報戦

平成十六年（二〇〇四）十月二十日、新潟港に工作母船とも言える万景峰号《マンギョンボン》が入港した。まるで北朝鮮の租界《そかい》であるかのように傍若無人に振る舞い、抗議する家族会を挑発するために大音量で「将軍」を讃える音楽を流しながら入港した。増元照明氏は抗議集会で次のように訴えた。

「万景峰号の入港を見て、悔しさが込み上げ少し涙が出た。なぜ拉致被害者を帰さない国が日本の港を自由に出入りできるのか。このままでは、金正日が拉致を白状してからもう三度目の冬を迎えることになる。酷寒の北朝鮮だけに、それがつらい。なぜ我々が日本政府に抗議しなければならないのか。国民を守れる国にするためにともに戦ってほしい」

増元照明氏は平成十六年の参議院選挙に東京選挙区から無所属で出馬した。結果は惨敗で組織票に支えられた既成政党の四人が当選し、増元氏は三十八万一千票余りで、落選した青島幸男氏の五十九万六千票、今村順一郎氏（共産党）の四十五万三千票に及ばない七番目の獲得票だった。

増元氏は選挙結果以上のものを得られたと語ってくれたことがあるが、私には彼の惨敗がそのまま日本の危機を表していると思えた。選挙期間中、増元氏が繰り返し訴えたことは、百人の拉致被害者を救えない国は、一億二千万人の国民を決して救うことはできないという、きわめて自然な、そして虚飾のない重要な訴えだった。

だが、このメッセージが選挙民に届かなかったという事実は、平成十四年（二〇〇二）以来の拉致問題に対する国民の大きな関心は、単なる同情に近いものだったという仮説をもたらす。「かわいそうだから」という同情論は一瞬のブームに過ぎず、五月二十二日に蓮池さん、地村さんの家族が帰国した時点から、北朝鮮と反日勢力による情報戦が展開され、国民が国家の安全保障を自分のものとして捉える契機を、少なくとも参議院選挙の時点では逸したということなのだ。

平成十四年の九・一七から拉致被害者が帰国した一〇・一五以降にかけて、日本中のメディアは過熱した拉致報道を繰り広げたが、その背後で熾烈《しれつ》な情報戦が行われていた。

おそらくそれは、六〇年安保と七〇年安保の左翼勢力に匹敵する、反日サヨクの攻勢だった。しかも、日本と北朝鮮との連携で仕掛けられていたのだが、日本は拉致被害者を北朝鮮に帰すことなく、平成十四年（二〇〇二）の情報戦に勝利した。

それは、安倍晋三官房副長官（当時）と中山恭子内閣官房参与（当時）の五人の拉致被害者を北へ帰さないという方針を世論が支え切った瞬間だった。当時、日本のジャーナリズムは五人を北へ帰すべきだという大キャンペーンを行っていたことを忘れてはならない。それらの人間がいまも平気な顔をしてテレビのキャスターを務めたり、原稿を雑誌に寄稿しているのだ。鳥越俊太郎氏、大谷昭宏氏、久米宏氏などもその中に入る。

五人を帰さなかった結果、反日サヨクの力は逆に減退してしまったのだが、その復讐戦が平成十六年（二〇〇四）の五・二二であり、増元氏の選挙も五・二二の余波を受けていたと言える。

拉致は日本に向けられた侵略行為

だが、曽我さん一家もジェンキンスさんと帰国し、しかも曽我さん一家の再会地を北京に設定しようとした外務省や官邸の怪しい動きが見えてしまったことや、平成十六年（二〇〇四）九月下旬の日朝協議で何の成果も挙げられなかったことで、また再び国民は二年前の意識に戻れたのではないだろうか。

自民党の拉致問題対策室では経済制裁のシミュレーションも始まり、同年十月十三日のNHKの世論調査では、北朝鮮への経済制裁も七三％が賛成している。

世論の動きは漠とした風のようなもので、軽率な分析はできない。だが、いずれにしても、日本の主権恢復からの六十年間で、この平成十四年（二〇〇二）〜平成十六年（二〇〇四）の二年ほど日本人が重要なものに目覚めた時期はなかった。どれだけ反日メディアが情報操作し、本質を隠蔽《いんぺい》しても、これだけの不利な環境から日本人が健全さを発揮できるのは驚きだった。何しろ『朝日新聞』の社説やコラム、テレビ朝日の『報道ステーション』、TBSの筑紫哲也氏などが、考えられ得るもっとも悪辣《あくらつ》な報道公害を起こしていたのに、膨大な情報量の中からインターネットのサポートを得て、メディアリテラシーを覚え始めた人たちが屑情報を見抜いて遺棄できる力を備えていたのだ。

拉致は重大な主権侵害であり、日本へ向けられた侵略行為である。日本政府がまだ拉致被害者として認定しない特定失踪者は四百二十人以上存在する。日本は個別的自衛権を行使して、あるいは内閣法制局の解釈が変われば、集団的自衛権を行使して、段階的な経済制裁と軍事力による拉致被害者救出も視野に入れて北朝鮮に被害者奪還を迫るべきである。

的中した坂本多加雄氏の予言

昭和二十年（一九四五）から六年八カ月にわたる軍事占領という名の戦争継続の中で、私たちが奪われたものは何であったのか？　主権恢復のあとに、なぜそれを取り戻して日本人本来の姿に立ち返ろうという努力を怠っていたのか？　そんな疑問を、いま改めて問わなければならない。

〈反日ファシズム〉とは、半世紀以上たっても喪ったものを取り戻せない日本に向けられるテロルであり、恢復力に軋《きし》みが出ている状態に追い討ちをかけ、さらに日本的なものを根絶やしにしようという虐殺に他ならない。

たとえば、平成十三年（二〇〇一）の教科書採択を振り返ると、言論、思想、表現の自由がおそらく世界でもっとも認められた国という日本の客観的評価は、もはや跡形もなく消滅したと言わざるを得ない。

平成十四年（二〇〇二）に惜しまれつつ急逝《きゅうせい》した気鋭の歴史学者、坂本多加雄氏が死の一年前に遺した文章を目にしたとき、氏の天才的な閃《ひらめ》きと鋭い直観力に驚かざるを得なかった。

坂本多加雄氏は現代史に自らをアンガジュ（実存的に参加）させ、生きていた。そうでなければ、こんな予言的な言葉を綴れなかったはずだ。強い感受性と問題意識の高さが、現在の日本の危機をみごとに言い当てていたのだ。

「昨年すなわち、二十世紀の最後の年の秋、二十一世紀の日本の国家の姿を占わせるような大きな事件が起きかけていた。一つは、日本人拉致事件を棚上げしたまま北朝鮮との国交樹立が実現しそうな気配があった。もう一つは、定住外国人に地方参政権を付与する法案が通過する可能性が高かった。さらに一つは、『新しい歴史教科書をつくる会』の歴史教科書に対して、検定審議会の外務省出身の委員が、外務省現職課長を交えた打ち合わせをもとに、不当な事前工作によって検定不合格とする企てを行っていたことである。（中略）

　はじめの二つの事件が、日本の国家のあり方に潜む大きな欠陥を示唆するものであることはお分かり頂けると思う。もし、このようなことが実現し、しかも、日本の多くの人々が、それを平然と受け容れているようであれば、二十一世紀の日本の国家は、人々の心のなかですでに融解しているといってよいであろう。本書でも強調したように、国家とは、私たちの外側にあって、他の誰かが適当に面倒を見てくれているような存在ではなく、私たち一人一人の心のなかの問題だからである」（『国家学のすすめ』「あとがき」筑摩書房、傍点西村）

　平成十二年（二〇〇〇）に日本が北朝鮮と国交を樹立しそうになった事件とは、三月に家族会・救う会が外務省、自民党本部に対して座り込み抗議を行ったにもかかわらず、コメ十万トン支援が決定し、さらに四十万トンが追加され、最終的には五十万トンのコメ支援が北朝鮮に行われ、四月から日朝国交正常化交渉第九回本会談が再開されたことだ。

親北派で北朝鮮利権の元締めだった野中広務自民党幹事長が動き、自虐史観の使徒、河野洋平外務大臣（当時）が家族会に「これで絶対解決するから。解決しなければ、あとで責任は取る」と嘯《うそぶ》いた事件だ。

ただ、この事件の報道はメディアに意図的に隠蔽されたので、いま拉致問題に関心がある人でも、家族会・救う会の座り込みの記憶がない人が多いはずだ。

拉致された家族を国家が責任を持って取り返せない事態だからこそ、拉致家族は国家を「心のなかの問題」にせざるを得なかった。国家を外側に置くのではなく、自分の問題として侵略してきた敵国と対峙するしかなかったのだ。そんなぎりぎりの逆説が、日本という国家の危うさを示唆していた。まさに坂本多加雄氏が看破したように、国家とは「心のなかの問題」なのである。そして、心の中だけでなく、日本という国家を、輪郭のないアンフォルマルな液状化状態にして、明瞭な国境線の輪郭を崩そうとするのが反日勢力だ。

内容不明な外国人参政権法案に沈黙するメディア

坂本氏が二番目に指摘していた外国人参政権付与の問題は、日本を融解させようという勢力に、いままさに利用されようとしている。

本書が出版される頃には、すでに平成十六年（二〇〇四）秋の臨時国会で、この法案がどう処置されたか分かっているであろう。審議されるのか、されないのか、それとも、否決されるのか、あるいは呆気なく可決してしまうのか、誰にも予測できない情況なのだ。

悪質なのは、公明党が提出し、自民党以外の全政党が賛成するこの法案が、メディアも不気味な沈黙で黙殺し、内容がまったく明らかにされないまま審議されようとしていることだ。

しかも、本来なら国民的な議論の場で十分有権者から意見を聞くべき重要法案だ。何しろ憲法違反である、永住外国人に地方参政権を与える法案だからだ。

永住外国人という在日韓国、朝鮮人が反日勢力を形成しているのは歴史的事実だ。総連は、在日朝鮮人は北朝鮮の被選挙権があるからという理由で、外国人参政権に反対である。しかし、北朝鮮が拉致を認めた九・一七以降、韓国籍を取得する在日朝鮮人も増えている。また、驚くべきことに在日韓国人にも韓国の被選挙権がある。

この法案を巡って一番奇妙なことは、メディアが黙殺していることだ。憲法違反になる疑いが濃厚な法案なのに、審議されることすら報じないのは言論統制といっていい。

民主党の岡田克也代表（当時）は、ことあるごとに外国人参政権に言及した。とくに韓国を訪問すると得意になってこの件に触れるのだが、本来相互主義である法案にもかかわらず、韓国国会はすでに外国人参政権を憲法違反であることを理由に全会一致で否決した。

岡田克也氏の言動には理解できないことが多い。拉致問題が膠着《こうちゃく》していた平成十五年（二〇〇三）秋の時点でも、民主党幹事長として、五人の拉致被害者は一度北朝鮮に戻るべきだという主張をしていた。領土問題、資源問題でも岡田克也氏のスタンスは不明瞭だ。

拉致問題、領土問題、教科書問題はすべて、国家主権の危機に繋がる同根の問題なのにもかかわらず、日韓両国で共通の歴史教科書を持つ必要がある、などと平然と言い切る岡田氏に期待するほうが間違いなのかもしれない。

もっと恐ろしいのは、この法案を通すことで創価学会が韓国での布教の便宜をはかってもらう密約を、池田大作氏と金大中韓国大統領（当時）が交わしたという説を屋山太郎氏が述べている。

そもそも、日本国憲法は国民主権を前提としている。外国人が帰化し日本国籍を取得すれば、国政の参政権も得られるのである。

日本という国家を、輪郭のないアンフォルマルな液状の〈装置〉にすることが、この法案の目的である。輪郭のある国家とは、国民と国家が相互に奉仕し合う共同体であり、そこで国家として機能する当たり前の状態を指す。

ところが、その輪郭の破壊に躍起となる反日勢力は、ただでさえ薄い日本の輪郭を溶解させ、国境に明瞭な線を引かせず、日本という国の歴史、文化、時間を、つまり日本人の財産を外から侵食しているのだ。日本人の財産とは、坂本多加雄氏が平成十三年（二〇〇一）に書き記した、外側にある国家でなく「私たち一人一人の心のなかの問題」として機能する国家のことである。

「外国人差別」という名のキャンペーン

平成十六年（二〇〇四）九月二日、「国籍条項訴訟　初の憲法判断へ」という記事が『毎日新聞』に掲載された。東京都に勤務する在日韓国人が、幹部職試験を国籍が原因で受験できなかったことが発端になっている。公務員登用で外国人を制限する国籍条項が違憲か合憲かが憲法判断に委《ゆだ》ねられることになった。このような案件が最高裁まで行くのが驚きなのだが、東京地裁の二審は、「外国籍の職員から管理職選考の受験機会を奪うことは職業選択の自由、法の下の平等に違反する」と違憲判断を示している。日本の法曹界が古くから歪《いびつ》な反日主義に染まっているのは周知の事実だが、二審の判決は言語道断である。

この裁判の原告の在日韓国人は、手始めに地方公務員となることで最初の侵食を果たし、次のステップとして管理職を手に入れようとしている。最初に輪郭が崩れると内部に侵入した尖兵《せんぺい》が内部から組織を壊疽《えそ》させ、さらに内奥に侵入するのだ。

事実だけを列挙してみよう。平成十四年（二〇〇二）八月十六日、『人民日報』に「南北朝鮮、日本軍国主義の復活に反対を呼びかけ」という、驚くほど時代錯誤な、まるでアジビラのような記事が掲載された。

「八月十五日の民族統一大会に参加した南北朝鮮の学者は十六日、ソウルで共同学術シンポジウムを開き、共同アピールを発表した。共同アピールで南北朝鮮の学者は『日本は歴史を改ざんし、首相は靖国神社を訪問、海外に自衛隊を派遣し、軍備を拡張するなど過ちを犯している』と指摘し、日本の歴史改ざんと軍事大国化、独島（日本名・竹島）の主権要求に反対していくよう国民に呼びかけた。また共同アピールは『朝鮮は日本に統治されたころの弱小民族に戻ってはならない』と強調。『南北朝鮮と国内外のすべての同胞は一致団結して、日本の戦争行為に謝罪と賠償を求めていくべきだ』と主張した」

平成十六年（二〇〇四）六月十四日夕刊に『朝日新聞』に掲載された「有事法制反対の署名提出　首都圏と近畿の在日朝鮮人ら」という記事も常識とかけ離れた言葉が嬉々として述べられている。

「首都圏と近畿の在日朝鮮人らのグループ『有事法制に反対する在日朝鮮人ネットワーク』は、国会で審議中の有事関連法案に反対する計約二〇〇〇人分の請願署名を衆参両院議長あてに出した。署名は『拉致問題を使った排外キャンペーンで〈朝鮮有事〉があおられている』とし、『国民保護法案による市民の自由の拘束、在日朝鮮人への管理強化はやめてください』と求めている。

同ネットワークは外国人の人権問題に取り組んできた在日朝鮮人ら約二〇人でつくる。呼びかけ人の李直茂《イジンム》さんは『日本政府が、政府の方針に反対する人を本気で守ろうとしないことは、イラクでの邦人拘束事件で明らかだ。有事関連法が成立すると、外国人排斥キャンペーンと結びついて、外国人差別がさらに強まるのではないか』と訴えている」

一方、地方紙では『高知新聞』が言語を絶する、こんな記事を掲載している。平成十六年（二〇〇四）三月二十七日『高知新聞』の第二十二面「『こども記者便り』スペシャル」というコーナーに、「戦争は人の心を変える　差別の歴史聞きかなしく中土佐町・久礼小」という見出しがある。小学生が記者になって記事を投稿したものだ。

「二月五日に、ＰＴＡ会長の米田チョンへさんが来てくれました。米田さんは、在日朝鮮人二世の方です。ぼくたちは、地域の部屋で米田さんに朝鮮への差別の話を聞きました。一九一〇年に日韓併合ということがあり、日本が韓国の人をどれいにした話や、その時いうことを聞かなかった人から殺した話を米田さんが話されると、みんなむごそうな顔をしていました。ぼくも、メモを取りながらかなしくなりました。

一番むごくてかわいそうだったのは、にんぷさんでもいうことを聞かなかった時は、おなかをきり開いて中の赤ちゃんも取り出して殺した話です。ひどいことをしたのだな、と思いながら、米田さんを真剣に見ながら話を聞きました。

戦争は、人の心をみにくく変えてしまい、おそろしいことだと思いました。そして、『差別』を受けた韓国や朝鮮の人の苦しんできた歴史を、もっと考えないといけないと思いました。米田さんの話を聞いたあと、ぼくたちの総合学習のテーマの『ウィアーザワールド』について考えてみました。外国の人たちともっと友達になって、仲良くなることが大切だということを学びました。」

外国人参政権などなくても、すでに教育界に潜入した反日勢力と反日メディアによる日本侵略は、このように子供たちまでターゲットにして着々と進んでいるのだ。

外国人参政権は間接侵略を促進する

「永住外国人に対する地方公共団体の議会の議員および長の選挙権等の付与に関する法律案」、公明党が提出したこの法案は地方参政権付与だが、いったん突き破られれば、次は必ず国政参政権へ権利拡大を図るだろう。

韓国民団（在日本大韓民国民団。以下、民団）と総連はもちろん違う組織だが、たとえば総連が、「朝鮮学校が大検すら受けられないのは差別」と言い続け、大検受験資格を与えると、次に「大検を課されるのは差別」と言い掛かりをつけてきたのと同様のこととなるだろう。

そもそも参政権とは国民が国家にアンガジェすることに他ならない。内政干渉を許す可能性を持ち込むわけにはいかないし、ヨーロッパなどで行われている外国人参政権も、相互主義が基本であり、国家体制や文化が異ならない北欧三国のような場合なら、ある意味、自然なことだと言える。

また、ＥＵは統合を前提とした共同体であり、戦争関係でない当事国どうしで便宜的に参政権が認められているという事情がある。日本の状況とはあまりにも異なっている。前述したように、総連の幹部が現在でも北朝鮮の国会議員であり、民団の幹部にも韓国の国会議員がいた。韓国や北朝鮮に在住する日本人に、そのようなケースが考えられるであろうか。

それとも、まさか、公明党、民主党には、日韓併合時代に戻りたいというノスタルジーでもあるのだろうか？　しかし、明治四十三年（一九一〇）の日韓併合時のような、日本にそれを強く望む韓国の声はもちろん聴こえてこないし、むしろ反日主義が猛威を振るっているのが現状ではないか。

この法案の問題を簡単に指摘しよう。

「第二九条2　この法律の規定により選挙権を有する永住外国人たる普通地方公共団体の住民は、その属する普通地方公共団体の議会の議員、長、副知事若《も》しくは助役、出納長若しくは収入役、選挙管理委員若しくは監査委員又は公安委員会の委員の解職を請求する権利を有するものとすること」

これでは日本の安全、治安を担う公安機関が、反日外国人組織と言ってもいい民団、総連から直接干渉を受けるという事態になってしまう。スパイ防止法のない日本がスパイを助長させる法案を審議するのだ。

さらに「二九条3」では、教科書採択にかかわる教育委員を解職できる。現在でも教科書問題で内政干渉を平然と行う支那と朝鮮半島の反日勢力を助長させるだけである。日本の内側から日本を侵食する間接侵略を促進する働きしかないであろう。

国家を「心のなかの問題」として捉える人々の出現

戦後の〈閉ざされた思考空間〉には、まだ幾重にも解かれないバリアーが残存している。そのバリアーが解かれないうちに、このような攻撃に日本は曝され続けているのだ。この危機に対処するために重要になるのは、「反日」の構造と特性を分析することだ。

通常、ファシズムという言葉は、同質的な価値観、均一な思考で国家という枠組みに帰依《きえ》しようとする全体主義を表すのだが、〈反日ファシズム〉とは、マルクス主義崩壊後も東アジアで冷戦構造を保とうとする全体主義であり、さらに、同質的な価値観、均一な思考で日本という国家の枠組みを破壊する全体主義と定義できる。ハンナ・アーレント氏の言葉を借りれば、日本を〈客観的な敵〉と規定する全体主義である。

平成十四年（二〇〇二）九月十七日、末期癌で苦しむ坂本多加雄氏が、小泉訪朝を見届けることが可能だったかどうかは定かではない。このとき、五人生存八名死亡という北朝鮮の発表を受け、行われた家族会の記者会見を坂本氏は確認できたのであろうか？

記者会見の横田早紀江さんの言葉は、まさに〈歴史的〉なものだった。なぜなら、涙ながらに訴える彼女の言葉が多くの日本人の心を動かし、日本という国を「私たち一人一人の心のなかの問題」として捉えようとする人たちを続々と出現させたからだ。

横田早紀江さんは記者会見でこう述べていた。

「めぐみは犠牲になり、使命を果たしたのではないかと、私は信じています。本当に濃厚な足跡を残していったのではないかと思うことで、これからも頑張ってまいります」

註

1　カーチス・E・ルメイ　米軍第二一爆撃軍団司令官将軍。東京大空襲をはじめとする日本本土への非戦闘員を対象にした焼夷弾による絨毯爆撃、広島、長崎への原爆投下を指揮した第二次大戦の指揮官。

第二章

メディアの解体
――ワールドカップと北朝鮮報道の正体を暴くネットの力

ヴォルテールはほとんどすべてを疑った。彼はほんの僅かなことしか確立しなかったが、やることは立派にやった。

（アルベール・カミュ）

造られた日韓友好ムード

平成十四年（二〇〇二）は文化と政治の両面で、東アジアを舞台にした世界的な出来事があった年として記憶されるだろう。それは、日韓ワールドカップ開催と日朝平壌《ピョンヤン》宣言の調印だった。

この一見脈絡のない二つのものが、日本の置かれた文化的、政治的状況を同時に浮き彫りにするとともに、日本のメディアが抱えた脆弱性と問題点をみごとに明らかにしてくれた。いままで見えなかった日本と朝鮮半島の関係が白日の下に晒《さら》されたのだ。

その結果、ワールドカップが行われた六月からの半年間で、平成十四年は、文化、政治の両面からメディアの正体も暴かれ、かつてないほど信頼性を低下させる年になったのである。

「釜山《プサン》で韓国の緒戦があったとき、メディアセンターのボランティアの女性が興奮してたんですよ。韓国対ポーランド戦を街頭放映で観ようと集まった市民たちは一試合前の日本対ベルギー戦を観ていたわけですが、その中の一部の人々が日本を応援していたことに驚いていた。街頭で韓国人が日本を応援してたのがすごい驚きだった、と彼女は言っていました」

開幕戦から一カ月以上韓国で取材していたＮＨＫの向井徹氏は、こう打ち明けた。

韓国人が日本を応援することが、どれだけ考えられない光景であるのかということを、釜山のボランティアスタッフの驚きが教えてくれたわけだ。

それは、取りも直さず一般的な日本人の想像を超えた韓国の反日感情を示すもので、初の共同開催となったワールドカップで日韓の友好ムードを〈演出〉したメディアの嘘を逆証明するものだった。日本メディアは共催という幻想と造られた友好ムードを報道するしかなかったのだ。

『親日派のための弁明』（草思社　平成十四年）の著者、金完燮《キムワンソブ》氏にこの話をすると、彼はこう解説してくれた。

「釜山なら、そういうシーンもあったんでしょうね。日本に一番近い地域だし、釜山に行くと日本のテレビも普通に見られるしフェリーで来る観光客も多い。併合時代は釜山を通して韓国と日本が繋がっていて、言語、文化も近いものがあります。

昔、私は反日だったんですけど、当時思ったのは、釜山は慶尚南道《キョンサンナムド》という地域ですが、慶尚南道の人と会うと、理由もなく親日の人が多かったですね。そういう意味で、以前は慶尚南道の人間が嫌いだった（笑）」

〈去勢された国〉のワールドカップ

平成十四年（二〇〇二）六月四日、五万五千二百五十六人の観衆を呑み込んだ埼玉スタジアムは、熱気と興奮が一気に凝縮し、沸点に達しようとしていた。

二〇〇二年ワールドカップ日韓大会、日本の緒戦である日本対ベルギー戦の火蓋《ひぶた》が切られる瞬間だった。ＦＩＦＡ（国際サッカー連盟）のテーマ曲とともに両国選手が入場し、日本のサッカー場でもお馴染みとなったサポーターが、マフラーを両手に掲げながらこれから戦う選手たちへ魂を送る儀式が始まった。

サポーターは日本代表のマフラーをかざして、厳《おごそ》かに〈君が代〉を合唱した。日本人サポーターの国歌の歌声は世界で小さい部類だが、この日は緒戦ということもあり、粛々《しゆくしゆく》と力強く〈君が代〉が歌われた。国歌が終わると歓声と拍手が湧き起こり、スタジアムのここかしこで日の丸の小旗が打ち振られた。

と、その瞬間、上空に轟音が響き渡り、薄暮の北の空から航空自衛隊のブルーインパルスの編隊が飛来した。セレモニー終了後の、これからキックオフという瞬間に、ブルーインパルスは轟音と白煙を残して飛び去ったのだ。関係者の心憎い演出に感謝したい気持ちになったが、翌日のメディアで、どれだけこのことを報じただろうか？

考えてみれば、ワールドカップが始まる約一カ月前に、旧満州・奉天（中国遼寧省瀋陽市）の日本総領事館に北朝鮮国籍の家族が亡命を求めて失敗する事件があり、この象徴的な出来事は、ワールドカップが終了してから十一月までに立て続けに日本と東アジアで起きたいろいろな〈事件〉に連なるものだった。この時期にアジア初のワールドカップが開催されたのも、まさに象徴的だった。

平成十六（二〇〇四）十月、マレーシアのマハティール首相が、ある経済フォーラムでこんな発言をした。叱咤《しった》激励の意味もあったのだろうが、厳しい内容だった。「日本の失敗は西洋文化を崇拝しすぎたからだ」「日本が犯した誤りを避けるためにも日本を見守る必要がある」と批判し、「我々は中国からも学ぶことができる」と経済成長著しい中国を評価し、韓国についても「非常に愛国主義的で、自らの文化や特質を保持している」と発言した。

衰退する日本を批判するメッセージだったのだが、かつて石原慎太郎氏と共著で『「NO」と言えるアジア』を著した親日家にも日本は見放されてしまったかのようだった。

じつは、そんな状況を先取りするかのような方針で、瀋陽の日本領事館事件直前に『タイム』誌アジア版二〇〇二年四月二十二日号に「アジアのヒーロー」という特集が掲載された。

アジアから二十五名のヒーローを選出、アフガニスタン暫定政権（当時）を率いるカルザイ議長（現・首相）やミャンマー（旧ビルマ）の民主化運動指導者アウン・サン・スー・チーらが選ばれたのだが、日本からはイチローと中田英寿の二人だけしか選出されなかった。

そこで私が注目したのは、二人という日本人の数よりもスポーツ選手しか選ばれていないという事実だった。日本はもはや、スポーツやアニメ以外の分野で、とくに政治や経済の世界で「アジアのヒーロー」さえ生むことができないのであろうか？

当時、この特集は日本のさまざまなメディアでも紹介されたので憶えておられる方も多いと思うが、記事の見出しまでは注目されていなかった。

「Real Men in a Gelded Land」というヘッドラインは「去勢された国の本物の男たち」という意味であり、贔屓目《ひいきめ》に翻訳しても「骨抜きにされた国の本物の男たち」としかならなかったのだ。さらにこの見出しは「海外のスポーツ界で大活躍する鈴木一朗と中田英寿が萎《な》えた日本の自尊心に魂を吹き込む」という導入フレーズに続いていた。

確かに瀋陽の日本領事館事件で日本人職員は〈萎えた〉対応しかできず、〈去勢された国〉の外交官としての印象を世界中に与えてしまった。

かつて日本には、昭和十四年（一九三九）に領事代理としてリトアニアの日本領事館に赴任した杉原千畝《ちうね》という〈自尊心〉溢れる外交官がいた。彼はナチスのユダヤ人迫害がエスカレートするさなか亡命希望のユダヤ人に独断でビザの発給を決め、六千人のユダヤ難民に日本通過のビザを発給し続けたのだ。

杉原の人道的行為の背景には満州国の五族共和というスローガンもあったのだろう

が、六十二年後、奇しくも満州国の首都、奉天だった瀋陽には、醜態を晒した平成日本の外交官の〈萎えた自尊心〉しかなかった。

日本の緒戦は結局、二対二で終わったが、日本は中田英寿を中心に堅固な中盤を築き、まさに〈本物の男〉がチームを牽引《けんいん》して歴史的なワールドカップ初の勝ち点を収めた。

『タイム』が指摘した「萎えた日本人の自尊心に魂を吹き込」み、サッカーファン以外の日本人にもサッカーに新しい価値を認めさせたという意味でも歴史的試合となったのだが、同時に、翌日の『朝日新聞』が日本は〈去勢された国〉になっていたことを証明してくれるのだ。

『朝日』の中田代表引退報道の嘘を暴く

日韓ともに緒戦を戦った翌日の六月五日朝、私は携帯が鳴って驚かされることになる。埼玉スタジアムに飛来したブルーインパルスのことがまったく報道されておらず、訝《いぶか》りながらネットで各メディアを読もうとしたときだった。取材仲間からの電話で、『朝日新聞』が一面で、ワールドカップでの中田英寿の代表チーム引退を仄《ほの》めかす記事を掲載したという。

私はすぐ事態を理解した。いや、理解したくなかったのだが、どう考えてもそれ以外にその奇妙なニュースを理解する方法はなかった。

サッカーファンであれば取り立てて珍しくない光景が、日本対ベルギー戦で繰り広げられていた。つまり、普段Jリーグや日本代表の試合を見ない人にとって、スタジアムの日本代表に向けられる情念と興奮は一種のカルチャーショックだったのだろう。

試合前からいたる所で湧き起こる〈ニッポン〉コール。選手入場の際に無数の日の丸の小旗が振られ、サポーターグループが巨大な日の丸を観客席が覆われるように拡げ、国歌斉唱。そして、その直後に〈空軍〉の編隊飛行が飛来する……。

よく考えると、現在の日本の日常にはあり得ない光景が展開されていたのだった。いや、あり得ないというより、本来なら普通の国で自然と湧き起こる素朴なナショナリズムが、じつは日常でなかったという日本の異常な状況をスタジアムのパッションが逆照射してくれたのだ。

つまり、そういう光景があってはならないと考える人々にとって、この試合の自然なナショナリズムの発露《はつろ》が嫌悪感《けんおかん》を抱かせたと考えても不思議はない。『朝日新聞』の「中田代表引退記事」はそのような文脈の中で造られたのではないかと直感したが、記事を読んでいっそう明らかになった。

「ヒデ『最後のワールドカップ』チームに献身」という見出しの記事はこう続く。

「日本代表でプレーするのはこのワールドカップが最後だと、中田英寿が周囲に伝えた。決意は固い。国の名誉という鎧《よろい》を着せられた国対抗の代表戦は、チームのために働くことが優先される。プレーを楽しむことより勝負に執着するサッカーを終わりにし、自分を表現する場を探したい。振る舞いには、最後にかける覚悟がにじむ」（六月五日『朝日新聞』東京本社十四版）

この記事は署名原稿であり面識のある記者が書いたものだが、私は呆然としてしまった。サッカーを知悉《ちしつ》した人間が書いたものとはとても信じられなかったからだ。主旨は代表戦は国の名誉をかけて戦う、しかし中田はそういう試合より楽しい試合をしたいので、もうこれで最後だというものだ。サッカーをまったく知らない読者には説得力があったかも知れない論理だ。

ところが、少しでもサッカーを知っていれば、中田が所属するイタリアリーグ、セリエAは徹底した守備重視の戦術を採り、個人の自由など、よほどトルシエ日本の戦術のほうにあったと言うことも可能だ。とくに中田が当時所属していたパルマの戦術はきわめて〈勝負に執着するサッカー〉であり、〈プレーを楽しむサッカー〉とは懸け離れたものだった。

報道を装ったプロパガンダ

しかし、問題なのはこの記事が代表の戦意に水を差すもの、と当時サポーターから総スカンを喰ったこと以上に、「国の名誉という鎧《よろい》を着せられた」試合は、「チームのために働くことが優先され」た「プレーを楽し」むことができない試合であり、「自分を表現する場」ではないと中田が言ったと『朝日新聞』が事実を捏造《ねつぞう》したことだ。

「正直言って、社内でもいろいろな見方をする人がいました。少なくとも私は、あの記事のようには思わなかった」と、ある朝日の記者は打ち明けてくれたが、『朝日新聞』が「国の名誉」を悪と規定し、その「ために働くことが優先され」る試合は「自分を表現する場」ではないと中田に言わせたかったというのは事実である。

多数の抗議が『朝日新聞』に寄せられ、中田英寿本人も記者会見で「事実無根」と抗議したが、『朝日新聞』はそれらの声を黙殺した。

『朝日新聞』はその一カ月後の八月二日にワールドカップ報道を振り返る編集委員とスポーツ部長による座談会を掲載したが、〝中田引退記事〟に関しては自画自賛するばかりで、ワールドカップを通してメディアへの不信感が一気に高まったサッカーファンをさらに挑発してしまった。

しかも、この話は落ちが付く。トルシエ退任後、日本代表監督に就任したジーコ監督から平成十四年（二〇〇二）十月七日に中田が代表メンバーに招集されることが発表されると、翌八日、『朝日新聞』は山田雄一東京スポーツ部長の異例の「お詫び」記事を掲載した。

しかし、その内容は通常の謝罪訂正記事ではなく、文章の主語が不明確な韜晦《とうかい》とも言える内容だった。それでも必死に理解に努めると、あくまでも『朝日』の報道が正しかったという主張だった。

そもそも六月五日に記事を掲載し、直ちに中田本人が「その記事がいったいどこから出たのかわからない。憶測で書くのも多い。今回このワールドカップ期間中に選手、スタッフそしてファンの人たちと一生懸命やっているのに残念です」と発言したにもかかわらず、四カ月たってからの「お詫び」ではまったく意味がなかった。

しかも、『朝日新聞』は念を入れて十月二十日には二十八面のシンポジウムで、今度は秋山編集局長が「お詫び」記事までを擁護した。

結局、『朝日新聞』は捏造された事実をベースに「国の名誉という鎧を着せられた国対抗の代表戦は」楽しくないサッカーであり、「自分を表現する場」ではないというメッセージを伝えるために、記念すべき日本緒戦の翌日の一面で報道を装ったプロパガンダを行ったということなのだ。

日韓両国のナショナリズムの差異を論じず

グループリーグ最終日となった六月十四日、日本はチュニジアを破って決勝トーナメント進出を決めたが、韓国は絶体絶命のピンチを迎えていた。

相手のポルトガルが優勝候補にも挙げられていたチームだったからだ。韓国不利という下馬評で始まった試合は、予想通りポルトガルが試合を支配した。しかし、ポルトガルは退場者を二人出し韓国に敗退、韓国は決勝トーナメントに進出した。

もちろん、日本の多くのサッカーファンは韓国のグループリーグ突破を共催国として祝福するのに吝《やぶさ》かではなかった。だが、ポルトガルが敗退し決勝トーナメントに進出できなくなったことを嘆くファンも数多く、韓国、ポルトガル両国のグループリーグ突破を予定調和として望んでいたファンが多数派だった。二人も微妙な判定で退場させられたにもかかわらず、ポルトガルは互角に戦った。〇―〇のまま試合が終了すれば両チームとも決勝トーナメントに進出できたのだが、試合終了間際に得点した韓国が一―〇で優勝候補だったポルトガルを地獄の底に叩き落としたのだ。

大会前から日本メディアはこぞって韓国を応援するスタンスで報道をしていたが、地上波テレビではサッカーの理解がほとんどない出演者が闇雲に韓国を持ち上げる発言をしたり、ポルトガル戦での韓国のプレーを客観的に解析せずただ褒め讃えるだけの報道に、サッカーファンが苛立ち始めたのも事実だった。

これは後の北朝鮮報道で、歴史知識のないコメンテーターが、ありもしなかった日本の〈強制連行〉や〈従軍慰安婦〉を拉致事件と同列に並べてコメントするのと同じ現象だった。

じつは、韓国対アメリカ戦で、韓国のアン・ジョンファンがゴール後にスケートの滑走シーンのパフォーマンスをしたとき、かなりの日本人が嫌悪感を覚えたらしい。韓国の激しいナショナリズムに驚いたことより、必要以上の粘着さに異質なものを感じたからだろう。

ソルトレークシティ冬季オリンピックのショートトラックで、韓国人選手が日系（！）アメリカ人選手に妨害を受け金メダルを逃したことに、韓国は国民的な怒りを燃やしていたからだ。このときも、日本のメディアは、韓国の愚直なナショナリズムと日本の素朴なナショナリズムを比較することさえできなかった。どちらかの優劣を問うのではなく、差異を論《あげつら》うことが重要なのだ。

ワールドカップの一年前から韓国に滞在していたTVのフリーディレクター、大久保文雄氏はこのシーンを回想し、ソウルで会ったとき、私を笑わせてくれた。

「いま一番嫌われているのはアメリカで、日本は二番手に落ちました」

隣国は仲が悪いという国際社会の常識や両国の差異に言及せず、さらに、韓国の徹底した反日教育と反日感情をほとんど論じることなく上辺だけの安っぽい友好ムードを飾り立てたメディアは、必然的にその後の韓国戦の報道に客観性を著しく欠いてしまう。

二〇〇二年秋からの韓国での日本文化解禁や、日本での韓国のTVドラマ放送など、ビジネス面のみを考慮した、およそ報道とは懸け離れた空疎なスローガンの連呼が日本列島を覆っていたのだ。

“疑惑の判定”に言及しない日本メディア

そして韓国対イタリア戦。この試合でも疑惑の判定が続出した。まずいきなり韓国にＰＫ《ペナルティーキック》が与えられたのは驚きだった。一点を先制したイタリアは試合をほとんど支配していたが、韓国のラフプレーは見逃され、同点になる。

韓国のヒディンク監督がＦＷ《フォワード》を次々と投入する特攻作戦を採ったこともあったが、延長に入ってからイタリアはエースのトッティが驚くような判定で二枚目のイエローカードを受け退場、十人のまま韓国に敗れ去った。

この試合を担当したエクアドル人のルビー・モレノ主審は、十月にエクアドルで疑惑の判定を理由に審判資格を停止され、十一月にはついに審判を廃業するという後日談を生んでいる。

サッカーファンなら目を背けたくなるような試合だったが、日本人サッカーファンの怒りがさらに急上昇したのは、テレビ中継の解説者は誰一人として判定に疑問を差し挟む者はなく、新聞でも判定への言及がなかったからだ。

そして、準々決勝の韓国対スペイン戦。選手一人ひとりの技術、チーム力と、すべてが上回るスペインが試合を支配したのは当然だった。とにかくパススピードがまったく違う。ポルトガル戦は別としてもイタリア戦は〈買われた〉試合だったことが私には明白だったので、韓国もいよいよここまでかと思えたのだが、この日は主審でなく副審の判定が明らかに偏っていた。

じつは、トリニダード・トバゴ人の副審は、なぜか急にこの試合の笛を吹くことが決まった。審判団のスケジュールを急遽変更したのはＦＩＦＡ審判委員会だが、審判委員長に強い影響力のあるトリニダード・トバゴ人のＦＩＦＡ理事、ジャック・ワーナー氏の意向によるものだった。

ジャック・ワーナー氏は日韓共催の立て役者である鄭夢準《チョンモンジュン》ＦＩＦＡ副会長とは共催決定前の一九九五年からさまざまな利権で結ばれていた。しかも彼らが何度も大会中に密会していることを、あるベテラン新聞記者が私に証言してくれた。

スペインのゴールが取り消されたうえで、試合は延長戦に入り、延長戦でも決定的なゴールが取り消され、その直後の一本のスルーパスから生まれた得点機もオフサイドになった。

〝疑惑の副審〟の判定でスペインは計三ゴールを失った。ＰＫ戦では韓国ＧＫ《ゴールキーパー》がキッカーの蹴る前に飛び出すファールも無視され、韓国はベスト4に進出した。

それでも日本メディアは疑惑の判定には目をつぶり、「韓国を応援しよう」というスローガンを発信し続けた。サッカーファンはそれに対抗してさまざまなサイトを作り、インターネットで誤審問題や不正疑惑の追及を始めた。

準決勝が行われた六月二十五日に公明党の主導で韓国を応援しようというパブリックビューイングのイベントが企画されたのだが、ネットで情報交換をしていたサッカーファンは強く反撥《はんぱつ》した。公明党や「ワールドカップ推進国会議員連盟」には抗議が殺到し、韓国のゴールのときに花火を上げるという企画を断念させてしまった。

ドイツを応援してもいいというスタンスで抗議のサイトを作ったTN氏はこう書いている。「今回の報道は、『偏向報道』というより『マインドコントロール』に近い。フジテレビでは、テーハミングの練習までやる始末。明らかな国民感情との温度差。（中略）まるで戦時中である。（中略）テレビから吐かれる言葉をすべて信用できなくなってしまった」

主催者側の「日韓のサポーターが感動を共有できる場になれば」という意図は、完全に日本サポーターの心から懸け離れたものになっていた。そもそも日本サッカーの聖地とも言える国立競技場をライバル国の応援会場にしようという発想自体が、スポーツファンから非難されて当然のものだった。

ネットでのアンケートはメディアとまったく逆の結果に

ワールドカップ終了後の七月二日、『朝日新聞』が担当記者の座談会を掲載したが、大会中の報道を上書きするような内容だった。つまり、自省も何もない自己正当化だけが主張されていたのだ。ヨーロッパの新聞だけでなく中国や台湾の新聞も審判への疑惑に触れていたのだが、日本のメディアはそれらの疑惑を否定した座談会を掲載した。さらに『週刊朝日』では居直りともいえる編集後記を掲載した。

「気になった現象があります。日本が決勝T（トーナメント）一回戦で敗退し、韓国が4強進出を決めて以降、こんな匿名メールが編集部にくるようになりました。『韓国戦で誤審が多いのは意図的と思われても仕方ないのに、日本のマスコミはそれをきちんと追及していない』『韓国のサポーターは日本の敗戦を大喜びしていた。共催国として許せない』『韓国戦以外、スタジアムはガラガラ。なぜ日本のマスコミはこの事実を伝えないのか』

韓国の熱狂と大活躍をたたえる報道が日を追うごとに増えたせいか、インターネットでは、もっと下品な表現で偏見に満ちた『韓国を妬《ねた》む』言葉が飛び交っていたようです。（中略）W杯（ワールド・カップ）は人々のナショナリズムに火をつけると言われます。政治・経済の閉塞的状況下、日本人の『苛立《いらだ》ち』が、こんな歪《いびつ》な形で噴出しているとしたら、あまりに貧相な感じがします」（加藤明『週刊朝日』「編集部発」平成十四年七月十二日号）。

しかし、貧相なのはこの編集後記を書いた人間の取材力と想像力なのではないだろうか？　韓国の四強進出よりかなり前から巻き起こったサッカーファンのメディア批判を一方的に無視した傲慢な態度と、事実を認識できなかった無能力こそ反省すべきである。

この半年後、『週刊朝日』は拉致被害者の取材でも、録音しないという前提で地村保志さんの話を聞き、隠し録りを行ったという醜態を演じ、編集長が地村家にお詫びに行くという騒動まで起こした。

また、三位決定戦の韓国対トルコ戦を中継したフジテレビがトルコの表彰シーンをCMでカットしたことも話題になり、フジテレビに抗議が集中した。四位の韓国の表彰式しか放映されなかったからだ。しかも、表彰式の最中に韓国サッカー協会会長、FIFA副会長の鄭夢準氏が胴上げされたシーンが放映された。

もともと日本が八〇年代末から開催を希望していた二〇〇二年ワールドカップを韓国との共同開催に持ち込み、二〇〇二年十二月の大統領選挙に立候補する予定だった鄭夢準氏にとって、韓国四位は絵に描いたようなシナリオになった。

怒ったサッカーファンはネット上で呼びかけ、同局のイベントで湘南海岸のゴミ拾い企画があったのだが、イベント前日の夕方から湘南に集まり、雨の中を徹夜でテレビ中継が行われる江の島海岸のゴミを先に一掃してしまったという伝説も生んだ。

金完燮氏はこう私に言う。

「もし、二〇〇二年ワールドカップに意味づけをすると、仲が悪く嫌いあっていた二つの国家が、本当の意味で友好的になったときに共催したら意味があったでしょうが、いま現在、これだけ両国が懸け離れた状態で行われたから、これだけ奇妙な形になったと再認識できたということだと思います」

新聞や通信社、テレビ局などの電話による世論調査では日韓共催への肯定意見が多く、韓国を身近に感じるようになったという設問も軒並み半数以上が肯定しているのだが、ネットでのアンケートはまったく逆の結果になっている。

ＴＢＳラジオがネット上で行ったアンケートでは、なんと、八五％が「あなたの中で日本と韓国の〝距離感〟は縮まったと思いますか？」という質問にＮＯと答え、フジテレビがネット上で行った「ワールドカップは成功だったと思いますか？」という質問は九九％以上が「いいえ」と答えている。新聞社、通信社の従来の手法による電話アンケートとまったく正反対の結果が出ているのだ。

この数字は明らかに『朝日新聞』を中心とするワールドカップ報道への怒りが表れたものであり、能動的に投票できるネットアンケートならではの数値だ。「ＶＯＴＥ」

という世論調査専門サイトがあったが、ここでも「ワールドカップ報道！　日本のメディアは信用できたか？」という質問に、「冷静で客観的な報道だった」は二百三十一票でわずか一％、「伝えられるべきことが伝えられませんでした」に一万七千四百四十四票の九九％がNOと突きつけている。

メディアリテラシー派の誕生

中田引退報道で多くの抗議がメールや投書で寄せられたと『朝日新聞』は書いている。だが、それは、ワールドカップの一カ月をとおして多くの読者がメディアを読み解く力を蓄え、日本におけるメディアリテラシーの新しい波が急速に広まった結果に他ならない。

ワールドカップ報道が契機となり、〈受け手〉の新しい論理と手法が誕生したことを見事に物語っている。『朝日新聞』の二カ月におよぶ〈お詫び〉の姿勢が何よりもその証左となっているのは、何というアイロニーであろうか。

テレビ視聴者数がオリンピックを遥かに上回る延べ四百億人というデータが示すように、スポーツイベントの頂点であるワールドカップはそれだけ膨大な情報を発信する。サッカーファンにとっては四年に一度のワールドカップだからこそ、情報の質が大きな意味を持っていた。

にもかかわらず、情報の質を劣化させた『朝日新聞』を頂点とするさまざまなメディアが、サッカーファン＝読者＝〈受け手〉の信頼を一気に失ってしまったのだ。そのもっとも大きな原因は、情報の〈送り手〉であるメディアと、〈受け手〉である視聴者、読者が、従来の情報の流れと異なった関係を築きつつあったからだ。

つまり、〈送り手〉による川上から川下への一方的な〈受け手〉への情報の垂れ流しではなく、〈受け手〉も〈送り手〉と同じサイドに立つことができたからだった。

私が創刊し、編集長をしていたサッカー情報サイトのオンラインマガジン「2002CLUB」は平成八年（一九九六）に誕生したものだ。当時から他にも有力なサッカー情報サイトは存在していた。また、インターネットは、日本でも先進的な取材対象者から、いち早くメディアとして認められたという幸福な経緯があった。

そのような事情で「2002CLUB」は日本で最初にJリーグと日本サッカー協会からメディアとして認知されたサイトになったが、メディアとして認められたサイト以外にも、関連企業やサッカーファン個人が開設したサイトがすさまじい勢いで増殖し、パーソナルメディアとしてもサッカーサイトが定着し、百花繚乱のような趣《おもむき》となった。

これは革命的な出来事だった。試合の観戦者がインターネットをツールにして、パーソナルメディアとして〈送り手〉に変換を遂げたのだ。

〈受け手〉であると同時に〈送り手〉である存在。従来の〈受け手〉が情報を発信し、さらにその情報が反響し、増幅され、一般メディアの情報と異なった情報を多くのサッカーファンが共有できるようになり、さらにメーリングリストの普及やＢＢＳと呼ばれる掲示板が多くのアクセスを集め、ワールドカップの一カ月で情報の共有化がサッカーファンの間で加速度的に進行していった。

「２ちゃんねる」や「Ｙａｈｏｏ！掲示板」、サッカーサイトのさまざまな掲示板にアクセスすることで、彼らは世代を越えて〈受け手〉＝〈送り手〉の位相でメディアとして機能することが可能となり、一般メディアの情報をネット上で比較しながら評価、検証することが可能になった。それが従来のメディアを比較しながら読み解く力となったのだ。

ワールドカップと北朝鮮問題が核

前述した抗議サイトを作ったＴＮ氏に、このようなメールが届いていた。

「２ちゃんねるでこのＨＰを知りました。五十代のおじさんです。韓国に特別の縁も感情もないというのが正直な気持ち。（中略）今回のワールドカップにはいろいろ怪し気な気配があると感じています。（中略）最初に気がついたのは、あたかも一緒に盛り上がっているかのような報道からでした。それは絶対ウソだ。私のまわりで共催を喜んでいる同世代はひとりもいませんよ。（中略）問題は歪んだ情報で我々を洗脳しようとしたマスコミです」

「サッカーカフェ」という有名なサッカー専門のネット掲示板にはこのような投稿もあった。

「日本が世界に対して、どのようなポジションに立ち、主張し、立ち回るのか、過去を意識していない底辺レベルで、純粋な国際関係のうねりが沸き上がったことが、とても興味深かった。それは今後、新しい歴史の一部になるだろうし、これからのナショナリズムのスタイルを予測する一部になる気もする。ある意味、世代のギャップが明確になって新鮮だった。

ただ、自分は韓国が嫌いになったというよりは、あからさまに報道規制をして、場合によっては日本の国益を損なってまでも日韓友好を刷り込もうとするマスコミの報道姿勢に、嫌気がさした」

決勝トーナメントの第一戦で日本がトルコに敗退した瞬間、韓国対イタリア戦のスタジアムに詰めかけていた韓国サポーターはスタジアムの大画面を見て歓喜の声をあげていたが、この事実を報じるメディアは皆無だった。

ワールドカップで素朴なナショナリズムに目覚めた多くのサッカーファンにとって、ワールドカップ後の八月から見られた韓国が日本海の名称を「東海」に変えようとする凄まじい活動や、不法占拠している日本領土の竹島を国立公園に制定するという発表も、日韓の距離をさらに遠ざける要因となった。

そして、決定的なことが起きた。ワールドカップ後二カ月半経過したときに訪れた「日朝平壌宣言」を巡る報道から、北朝鮮の拉致事件と核開発が明らかになり、とくに拉致事件を隠蔽してきたメディアの存在により、メディア自体が疑惑の眼を向けられる対象にしかならなくなったのだ。

これは、ワールドカップ報道から北朝鮮報道までの平成十四年（二〇〇二）の半年の過程で、メディアをどう読むか、どう峻別《しゅんべつ》するか、どう対峙するかという意識を〈受け手〉が持つことによって、日本人にメディアリテラシーの手法が定着してきたということだった。

ワールドカップと北朝鮮問題は、多くの日本人の心に訴えかける力があった素材だったからこそ、それを伝えるメディアの力量が〈受け手〉にとって切実に問われ出した。ワールドカップと北朝鮮問題は、素朴なナショナリズムという同質性を核として、メディアそのものを両方向から鋭く刺した刃《やいば》になったのだ。

悪質な情報操作をするメディアの正体

平成十四年（二〇〇二）九月十七日に小泉純一郎首相が北朝鮮を訪れ、日朝平壌宣言に署名した。その後、日朝関係の報道が注視されたのだが、十月二十五日のキム・ヘギョンさんインタビューでフジテレビは安易な目的で北朝鮮の宣伝に利用され、それに当事者が気づかないという大失態を演じた。

また、テレビ朝日、ＴＢＳで特集される在日朝鮮人の話題は、日本は過去の贖罪《しょくざい》をしなければならないという自虐史観で構成され、〈強制連行〉が在日朝鮮人のルーツであるという誤謬《ごびゅう》に基づいた放送をそれ以来継続的に垂れ流している。

テレビ朝日の『ニュースステーション』は平成十四年の終戦記念日に、南京事件を題材に一方的な中国共産党のプロパガンダを行っていたが、これもネット上で議論され、抗議が殺到したのだ。その延長線上に平成十四年十一月六日の『ニュースステーション』の放送があった。

ゲストの蓮池透氏が最後に「一言言わせてほしい」と切り出した言葉は、じつは日朝国交正常化交渉が行われた十月三十一日に、家族会の記者会見で述べた言葉と同じだった。

「私たちは特別な人間ではなく、一国民にすぎません。こんな家族があっても、いいのでしょうか。皆さんも、客観的な報道という大義名分も結構ですが、いいかげんに、被害を受けたのはわが国であって、拉致の被害者を帰せと伝えてほしい」

こう蓮池透氏は魂の叫びを慎ましやかな言葉で表した。しかし、『朝日新聞』などのメディアはこの言葉さえ一向に紹介しなかった。

放送の中で当時キャスターだった久米宏氏は、「被害者を日本に帰せと言ってほしい」という蓮池透氏の依頼を「戦争して取り返すということですね？」と歪曲し、彼の訴えを無視する暴挙まで行った。結局、ワールドカップで「韓国を応援しよう」とメディアが叫べば叫ぶほど〈受け手〉がそうでなくなったように、北朝鮮問題で「在日の人への理解を深めよう」と言えば言うほど、〈受け手〉はそのメッセージに反感を抱くことになった。理由は単純で情報の内容が精査されていないからなのだ。誤った歴史認識が報道のベースにあるので信憑性《しんぴょう》が疑われ、かりに〈送り手〉が意識していなかったとしても、結果的にプロパガンダになってしまう。

平成十四年十一月十五日発売の『週刊金曜日』には北朝鮮政府の意向に沿った曽我ひとみさんの家族へのインタビューが掲載され、これも〈受け手〉には許し難い事実となった。

しかもこの雑誌の編集委員である筑紫哲也氏がＴＢＳの『ＮＥＷＳ23』で、このインタビューを湾岸戦争でイラクに残って報道し続けたＣＮＮと同列だと恥ずかしげもなく言い切り、発売日早朝に警備の眼をかい潜って雑誌を直接曽我ひとみさんに渡し、彼女に動揺と恫喝を与えた北朝鮮工作員としての行為まで弁護したことに、非難と抗議が殺到した。

しかも、これに懲《こ》りず、一カ月後の十二月十二日に、また『ＮＥＷＳ23』で、筑紫哲也氏は朝日新聞出身者の同人誌と言ってもいい『週刊金曜日』の執筆者のレポートを放送し、北朝鮮籍の元慰安婦なる女性を登場させた。歪曲されたストーリーで過去の日本を徹底的に悪く描くことで北朝鮮のイメージ恢復に努めていたのだが、悪質な情報操作として断罪されるべきだった。

ワールドカップ報道と北朝鮮報道のメディアの受容形態を同一視するのは乱暴だとの反論もあろうが、それは〈送り手〉側の論理に過ぎない。〈受け手〉にとってはワールドカップも北朝鮮問題もメディアから送られる情報という点で何の差異もなく、メディア自体への不信感が、平成十四年六月から平成十五年（二〇〇三）にかけての半年以上の間に充満してきた状況に変わりはない。

したがって、拉致問題が大きくクローズアップされたことにより、これまで拉致問題を意識的に隠蔽してきた特定のメディアはネット上で大きな批判に晒されていった。

静かな熱いうねりが生まれている

拉致被害者家族の姿と彼らを支える人々が、まるでワールドカップの日本代表のような訴求力を持ち得たのだ。なぜなら、多くの日本人にとって、失われた家族を探し求めてきた〈家族会〉と〈救う会〉が〈去勢された〉平成日本を恢復する一つの方法を提示してくれたからだ。

　地方都市に住む素朴な日本人の家族愛が多くの人々の胸を打ち、彼らが待ち続けた二十四年間、いやあえて言えば、戦後六十年間でじょじょに日本が喪ってきたものの大切さを日本人が切実なものとして捉えたからこそ大きな世論を形成できたのだ。それは、ワールドカップのスタジアムで日本人が感じた素朴なナショナリズムを謳歌する〈非日常〉にも繋がるものだった。

〈去勢された国〉から脱出したいという意識を持った人々が、彼らを北朝鮮に戻すべきでないというコンセンサスを醸成できたのだ。

　もしかしたら、拉致被害者たちが二十年以上の虐待で喪ったものを必死に取り返そうとしている姿は、日本人が戦後六十年間で喪ったものを恢復し、蘇生させようという新たな想いの発火点になったのではないだろうか？

　そして、彼ら五人の姿こそ、戦後空間を生きてきた日本人一人ひとりの自画像だと敏感に感じ取った人々が、それぞれ思い思いの形で拉致被害者を支援しようと行動を起こし、静かな熱いうねりを起こし始めていた。

　平成十四年（二〇〇二）の終戦記念日、靖国神社に集団参拝する若者たちの姿があった。その数は百七十人を超えていた。「前日は何人来るか不安だったけれど本当に嬉しかった」と振り返るのは「2ちゃんねる」で靖国参拝のスレッド（註1）を見つけ、そこで積極的に呼びかけを行った二十四歳の女性、ボアマロ（ハンドルネーム）さんだ。

彼女たちは誰の力も借りずに議員会館へ赴き、賛同してくれる政治家に趣旨を説明した。集団参拝の申し込みも彼女たちだけで行った。

これもワールドカップの韓国応援イベントでドイツを応援し、テレビ局のイベントに先回りして海岸でゴミを拾った〈受け手〉たちの新しい発想の流れを汲んだものだ。「平成十三年（二〇〇一）に韓国が小泉首相の靖国参拝を非難して教科書批判までしたので、何かをしなければと思っていた」と彼女は動機を明かしてくれた。

ネット上の意見交換はすでに〈送り手〉の想像できない次元で、〈受け手〉がメディアの情報を吟味《ぎんみ》しながらメディアが振り撒く守旧的イデオロギーから自由になった行動を生んでいる。

メディアが情報を精査、検証せず、手垢にまみれた固定観念に捉われ、時代遅れの反日イデオロギーから自由になれなければ、『ニュースステーション』の久米宏氏や『ＮＥＷＳ23』の筑紫哲也氏のように、〈受け手〉の嘲笑の対象にしかならない現実がもうここにあるのだ。

1　註

スレッド　インターネット掲示板で展開される一つのテーマに基づく書き込みの集積。

第三章

「2ちゃんねる」は〈閉ざされた思考空間〉を破る

歴史は記録に対する位置を変えるようになった。すなわち、歴史が自ら第一の仕事として課するのは、記録を解釈することでも、記録の語る真偽や表現のなんたるかを決定することでもなく、内部から記録に働きかけ、仕上げることなのである。

（ミシェル・フーコー）

「ネット社会」が負のイメージで語られるわけ

佐世保の女子小学生殺人事件でも顕著だったが、一般メディアがネットを目の敵《かたき》にする傾向が平成十五年（二〇〇三）から続いている。異常な事件がネットのバーチャル空間に起因したという論調である。テレビ朝日の『報道ステーション』やＮＨＫのニュースは〈ネット社会〉と小学生の犯行を関連付けて解説していた。もともと久米宏に代わり古舘伊知郎がキャスターになった『報道ステーション』は平成十六年（二〇〇四）四月三十日に拉致被害者救出の国民大集会を一秒も報道しなかった番組だが、ＮＨＫまで佐世保の事件にネットが大きく関与したと報道した。ネットが介在しなくてもこの事件が起きた可能性は大きく、いたずらに社会的背景に理由を求めると小学生の殺人犯を不用意に擁護することになる。犯行の原因を犯人以外に求めることで何かを隠蔽《いんぺい》する報道が、日本の病理を象徴している。

平成十六年（二〇〇四）六月四日の記者会見で小野清子国家公安委員長が、「バーチャルな世界と現実を子供たちにどう対応させていくのか、大人が心を砕いていかなければならない」と答えているが、メディアのミスリードによる無意味な発言である。「危ういネット会話……小学生、中傷合戦からいじめへ」という六月四日の『読売』の記事も事件の本質からずれている。

〈バーチャルな世界〉に原因があるのでなく、現実社会に対応できなかった犯人に原因がある。〈バーチャルな世界〉とは現実を隠蔽する、それこそ実体のないテクニカルターム（技術用語）に過ぎない。仮想現実が人を殺すのではなく、現実によってしか人は殺されないのだ。

〈ネット社会〉が必要以上に負のイメージで報じられるのは、じつは同年四月に起きたイラク人質事件が大きくかかわっている。

人質事件の解決後、一部メディアに吹き荒れた自己責任否定論はいったい何だったのだろうか？　ヒステリックに執拗《しつよう》に社説や報道で何回も自己責任論を否定したのは、人質を〈人質〉に取り、政府批判、自衛隊派遣批判に世論を誘導しようと画策していた『朝日新聞』を中心とする一部のメディアだった。

『朝日』が主張する〝イラク人質事件自己責任否定論〟

滑稽な社説「テロ――『屈するな』という呪文」が『朝日新聞』に掲載されたのは平成十六年（二〇〇四）四月二十二日だった。

テロの定義から始まり、「テロに屈してはならない、というのは当たり前のこと」だと言いながら、「世界を見渡すと、それですべてがひもとけるわけではない」とテロを肯定し、「イスラエルのシャロン首相は英国からの独立運動の闘士で、相手からはテロリストと見られた」「歴史のうえでも、民族解放の闘士とされる人物が、それを阻む側からテロリストと呼ばれた例は珍しくない」「伊藤博文を殺した安重根は、今なお『義士』として韓国民の尊敬の的である」とテロ擁護論を展開した。まるで赤報隊は日本民族解放のための闘士であり、時効を迎えたので『朝日』は許すぞ、と言っているようだ。

最後は「反米勢力の抵抗をすべて『テロ』とひとくくりにし、力でたたきつぶすしかないと考えるのは単純すぎる」と論理のすり替えで締めくくった。

前日には「自己責任——私たちはこう考える」という社説で、「与党内を中心に声高に語られている過剰な『自己責任』論には、首を縦に振るわけにはいかない」と言いながら、その根拠を示せず「感情論」と断罪して、「日本の国際的な評価を高めるのに役立った面もある。『外国へ人助けに行こうという世代が日本に育った』。仏紙ルモンドはそう報じた」と特殊な海外メディアの引用にすがって自説を補強するお粗末さだった。

特殊な海外メディアというのは、この『ルモンド』のフィリップ・ポンス東京支局長は三年前の小泉首相の靖国参拝の際に、「日本、軍国主義の過去へ回帰」という記事を書いていた人物だったからだ。

「逃げ口上で歴史的責任から免れようとする日本は、アジアにおいて日本を孤立させ、知的袋小路に追いつめている。『歴史の改竄《かいざん》』という疑念を抱かせることなく、近隣諸国と共有できる歴史観を模索すること以外に、もはや実りある議論を進展させるすべはない。日本は毒々しくも大衆迎合的な戦争犯罪否定論を野放しにしており、漫画から学校教科書にまで溢れんばかりである。日本がみずからの手で過去へと向き合う手段がないならば、近隣諸国との共同作業について再考するべきであろう」

と、彼はまるで『朝日』の薫陶を受けたような思想的近似性を見せていた。日本文化・歴史の知識が皆無で、フランス人特有の人種的偏見さえ匂ってくるようなフランス人しか『朝日』は知らないのであろうか？

こういう指摘も、ネットの発達によって誰でもたちどころに検索で分かってしまう時代になったという背景があるから可能なのだ。ネット上で『朝日新聞』が手厳しく糾弾される背景に、誰でも情報を検索でき、一次情報から〈二次情報であるメディア〉を読み解くことが可能になった検索エンジン「Google」の存在がある。

「2ちゃんねる」を仮想敵として意識する『朝日』

この社説は、当時メディアから嫌というほど降り注いだ一連の〈自己責任〉否定論の誤謬をさらに増幅させた〈報道テロ〉だった。〈自己責任〉否定論者は、なぜ〈自己責任〉と〈尊い奉仕の精神〉を両立させて考えられなかったのだろうか？

というのも、『朝日』の論理破綻した自己責任否定とテロ擁護の姿勢は、すべて人質家族と支援団体を利用した反政府キャンペーンが実現できなかった苛立ちから来ていると想像できるからだ。

そもそも自己責任という意味不明の言葉を中心にこの議論を続けたことがメディアの〈自己責任〉だった。自己に帰するのだから責任なのであって、責任を自らが負うということがアプリオリでない日本の精神風土特有の言葉であり、しかも、その精神風土がもっとも醸成されているのが責任を決して負わないメディアなのである。

そもそも自己責任を言い出したのは政府ではない。当時、私に来た読者のメールには憤りを込めてこう書いてあった。

「最近の『自己責任論』の批判において、急先鋒である『朝日』。しかし、思い出してみると、郡山総一郎氏が人質になったとき、『朝日』の入館証を持っていることから、郡山氏が『朝日』の記者では？　と話題になった。

その際、いち早く記者会見を開いた『朝日』は、郡山氏が『朝日』が労務管理上責任がある社員ではない。労務管理上からも、あらゆる点で、彼の行動、活動に『朝日』は責任の取りようがない。ゆえに自己責任で活動するフリーの立場の記者だという事を強調していた。今回の件に関し、もっとも早く、彼らに自己責任論の現実を突きつけたのは、他ならぬ『朝日』であった」

伏線は平成十六年（二〇〇四）四月十二日掲載の高成田享論説委員の「撤退すべきは米軍」というコラムにあった。

「三人の行動を理解していない日本人がたくさんいることを知って、こころが寒い思いをした。『2チャンネル』（原文ママ）に『狂言』などと書き込みをしている人たちだ。人は自分という物差しでしか他人を測ることができないといわれるから、高遠さんらの行動を見ると、そんな立派なことをやれるはずがない、だから自作自演の狂言に違いないということになるのだろう」

ここで高成田氏は「2ちゃんねる」批判に、人質家族と支援者に対する国民の感じた違和感と嫌悪感を置き換えることで、正面から自らの世論誘導が失敗した〈自己責任〉を回避し、失敗の分析を怠った。しかも、「人質に嫉妬した」と意味不明の言葉を人質批判者に投げかけた古舘伊知郎氏と同じ精神構造も見せている。結局、「2ちゃんねる」内の言葉が世論と同じ位相で自衛隊派遣支持を揺るがせなかった苛立ちを隠しているのだ。

いや、あえて言えば、「2ちゃんねる」が『朝日新聞』と世論のシェアを争った結果、『朝日』が「2ちゃんねる」に世論誘導で負けたのではないか、という危機感すら持っているのではないか？　そんな想像を逞《たくま》しくできるのは、四月以降、朝日系メディアや共同通信が何回も「2ちゃんねる」を否定的に取り扱っているからだ。

これは、かつて筑紫哲也氏に「便所の落書き」と揶揄《やゆ》されたネットの言葉を〈ネット言論〉という仮想敵として意識し始めた証左ではないだろうか？

メディアは、なぜイラク人質事件で〈自己責任〉という言葉が自然発生したのかという分析を怠ってはならない。〈自己責任論〉は、じつは政府やメディアという権力から出されたものではなく、国民から自然発生的に産み出されたものだ。それを証明するのが「2ちゃんねる」の〈カキコ〉なのだ。現実から目を逸らせて世論と自らの乖《かい》離《り》を客観視できなければ、戦後民主主義を牽引《けんいん》して来たと誤解したまま、彼らはますます状況から取り残される。いま以上に〈ネット世界〉の嘲笑の対象になるだけではないだろうか。

じつは、この間の事情を文芸評論家の亀井秀雄氏が氏自らのサイト「亀井秀雄の発言」(http://homepage2.nifty.com/k-sekirei/index.html#do)に鋭利な論考を掲載している。「マスメディアの『テロリズム』――2ちゃんねると自己責任論」という大変優れた批評である。

サイレント・マジョリティがネットで声をあげはじめた

また一方で、「この人質事件は戦後の市民運動や左翼知識人という存在が決定的な打撃を受け、政治と思想の大きな転換点となった画期とされるのではないだろうか」

と池内恵氏も『諸君!』(平成十六年七月号)の「メディアが世論に敗北した日」で精緻な分析を行っている。

氏は〈情報内戦〉という記号で〈左翼メディア〉と世論の相克を論じたが、それはそのまま思考停止メディアとネットの対立という図式に容易に換言でき、〈情報内戦〉こそネットに向けられた〈報道テロ〉のアナロジー(類似型)になるのだ。

池内氏の言う〈左翼的メディア〉、つまり朝日的メディアが戦後民主主義を領導してきたという自負は、サイレント・マジョリティの存在を切り捨てる傲慢さに裏打ちされたものであって、〈戦後民主主義〉という言葉を肯定的な意味で捉えたとき、決して朝日新聞的な世論誘導に騙されなかった日本の民衆=常民の健全さを逆証明してくれる。

なぜなら、肯定すべきか否定すべきかは別問題としても、戦後日本は一度たりとも大きく『朝日新聞』の指し示す方向へ動いていかなかったという歴史的営為の中から戦後民主主義を紡《つむ》ぎ出して来たからだ。

おそらく戦後空間で左翼勢力が最高潮の集積を見せた昭和三十五年(一九六〇)の、〈六〇年安保〉でも、日本は〈戦後民主主義〉の規則の中で日米安保条約を改正・継続した。

〈戦後民主主義〉が〈戦後民主主義〉を否定する逆説の中で、「小さなニヒリスト」

（三島由紀夫）として、岸信介が「国会の周りはデモでいっぱいだけれども、後楽園球場では数万の人が入って野球を楽しんでいる」と語った逸話は有名だ。〈六〇年安保〉から四十三年後の平成十五年（二〇〇三）一月の内閣府の世論調査では、これが正しいかどうかは別としても、日米安保が日本の平和と安全に役立っていると答えた割合が七三・四％に達してしまった。

もちろん、戦後民主主義には否定面が多く内包され、朝日的メディアの領導に成功した部分のみが、教科書問題、歴史認識問題、靖国問題、北朝鮮問題などに、まさに負の成果として蓄積されてきたことも事実だ。その結果が、与党、官僚を問わず蔓延《まんえん》する国家主権意識の不在となって、現在の日本を危機に陥れている。

池内氏の論考は優れたものだが、一点だけ指摘すると、イラク人質事件が〈政治と思想の大きな転換点となった〉のではなく、すでにその二年前の日韓ワールドカップから戦後空間を規定する枠組みが大きく動き出した転換点になっていたのだ。

そのパラダイムシフトをさらに劇的に加速したのが平成十四年（二〇〇二）九月十七日の〈小泉訪朝〉だった。日韓ワールドカップ開催と拉致問題に象徴される北朝鮮危機の実相が、これまで沈黙していたサイレント・マジョリティにネットというツールを用いていっせいに声を挙げさせ始め、その動きが一気に噴出したのがイラク人質事件だったのではないだろうか。

『世界』の「2ちゃんねる論」を批判する

そこで、そういったパラダイムシフトに危機感を感じた敏感なサヨクが平成十四年（二〇〇二）から〈プチナショナリズム〉という標語を用いて新しい動きを封じようとしてきた。

団塊の世代以下の比較的若い世代がその動きを担ったのは、彼らがまだ完全に思考停止に陥っていないので、戦後空間の地殻変動を自覚できたからである。

だが、結局、彼らは、朝日的メディア、あるいは思考停止メディアの代弁者としてしか機能できないことで、新たな喜劇の代弁者になってしまった。

思考停止メディアの代表格である岩波書店が平成十五年（二〇〇三）の『世界』十一月号で「2ちゃんねる」批判を試みたのも〈プチナショナリズム〉批判に呼応するものだった。

「嗤《わら》う日本のナショナリズム――『2ちゃんねる』にみるアイロニズムとロマン主義」で北田暁大《あきひろ》氏（東京大学助教授）は、八〇年代から始まった大衆のメディアに対するシニシズムはメディアの実体と建前の差異を察知したからだと言う。

その分析は誤りでないし、「2ちゃんねる」内で「マスメディアは共同性を担保する第三項の位置からコミュニケーションの素材へと相対化されている」という認識も正しい。

ただ、北田氏が『朝日新聞』の無謬性《むびゅうせい》を前提としているので、必然的に「ほとんど言いがかりに近い『反朝日』の風潮や、ワールドカップ時のフジテレビ『偏向』報道への抗議活動などを見ても分かるように、2chにおける反マスコミ主義は、マスコミへのシニシズムという言葉で括《くく》るにはいささか過剰なものとなっている」という逃げの論理回路に入っていく。

批評に重要なのは言葉を弄《もてあそ》ぶことでなく、事実をどう認識するかということだ。「ほとんど言いがかりに近い『反朝日』の風潮」と北田氏が書く瞬間に、彼は「2ちゃんねる」の『朝日新聞』を扱うスレッドで〈荒らし〉と呼ばれるネットストーカーや〈ネット工作員《ほうてき》〉と同位相に堕《だ》してしまう。なぜなら、批評の根拠となる一次情報の検証を完全に放擲《ほうてき》しているからだ。

さらに北田氏は続ける。「これが2chに跋扈《ばっこ》する『プチ右翼』たちの姿である。純化された形式主義者たるかれらにとって、『朝日』が『何を』書いているか・意図しているかは実はそれほど重要なことではない」

さらに『〈癒し〉のナショナリズム』（小熊英二・上野陽子著、慶應義塾大学出版会、平成十五年・二〇〇三）の、「反朝日」という前提を確認しあうと話のきっかけが掴めるという記述を引きながら、「嗤いは、もはや批判的アイロニーとしての機能を喪失し、『繋がり』を確証するためのツールとなっているのである」と相対化したつもりになっている。北田氏は本当に「2ちゃんねる」の『朝日新聞』のスレッドを読んだことがあるのだろうか？　あるのだとしたら、彼はよほどの疎外感を味わい、そのスレッドで議論する気にもなれずスゴスゴと退避したか、言葉のやり取りで論破された経験があるのではないかと勝手に想像してしまう。

旧時代のメディア御三家――朝日、岩波、共同通信

先日、私は、北田氏が引用した『〈癒し〉のナショナリズム』の素材となった「史の会」にたまたま縁あって招待され講演を行った。本論のような内容をテーマにしたのだが、日頃私のサイトにメールを投稿してくれる全国の人と同じ問題意識を持った方々だった。

それは北田氏のように思考停止メディアの代弁者たる学徒にとって、いかに居心地が悪いか想像できる。『〈癒し〉のナショナリズム』という著作が、いかに精神性の低い意図から生まれたプロパガンダに過ぎない駄本であることを、私は「史の会」の講演で実感できたからだ。

『世界』の論文で「〈2ch＝本音／マスコミ＝建前〉という対立図式は、むしろマスコミを嗤うための当事者カテゴリーを反復したものにすぎない」と言うのなら、北田

氏は、そのシニシズムがどういう過程で生まれているかを検証しなければ、ただの悪文の見本にしかならない。

面白いことに、イラク人質事件で人質が〈三馬鹿〉と呼ばれ、家族、支援者の〈プロ市民〉への批判が定着し、思考停止メディアの敗北が決定的になった平成十六年（二〇〇四）四月二十九日、共同通信の文化部は北田氏のコラム「『2ちゃんねる』化する社会――屈折するナショナリズム」を全国の地方紙に配信した。

戦後民主主義無謬性の権化《ごんげ》であり、イデオローグであった朝日、岩波、共同通信と、旧時代を代表するメディア御三家が揃い踏みをしたのだ。何と分かりやすい構図だろうか。

「自作自演説など本気で信じていた『2ちゃんねら』はたぶんほとんどいない。彼らにとっては、市民派然とした被害者のキャラクターをいじりながら、面白おかしくコミュニケーションを連接させていくことこそが重要事だった。こうした反応の様式は今回初めて登場したものでなく、2ちゃんねるでは幾度となく反復されてきた伝統芸のようなものといえる。」

今回の事件で注目すべきは、時間の経過とともに『世論』もまた、きわめて2ちゃんねる的な自業自得論へと傾いていったということである」

ここでも北田氏はアイロニズムとシニシズムを「2ちゃんねる」特有の「伝統芸」

として評価し、無力化を狙った「2ちゃんねる」の客体化を図るが、もはや前年に『世界』に発表した論考のポテンシャルは萎《な》えていた。

「重要なのは、自己責任論の背後に2ちゃんねる的な『屈折したナショナリズム』が見え隠れしているということである。もしかすると彼らは無謀であるがゆえに非難されたのではなく、左派という〝キャラクター〟を担っているがゆえに非難されたのかもしれない。その場合、無謀であるというのは、彼らを非難するためのレトリックにすぎず、本質的な理由ではなかったということになる」と回路をスパークさせた。

立派な左派なら抗議は減ったのだと思う。〈右〉〈左〉関係なく、無知無謀だったから彼らは〈三馬鹿〉と揶揄《やゆ》されたのだ。重要なのは、ナショナリズムに「プチ」とか「屈折した」という形容句で修飾することでしか、時代が要請する自然なナショナリズムを否定できない旧時代の思考形式の限界ではないか？

左翼が滅んだ〈六〇年安保〉以降、新旧を問わず左翼がサヨクに完全に変質するのは、島田雅彦氏を論じた磯田光一氏の『左翼がサヨクになるとき』が出版された昭和六十一年（一九八六）だった。結局、北田氏は世代を超えた旧時代人としてマニフェストせざるを得なくなったのだろうか？

「自己責任論とは、実は不気味に世間に浸潤しつつあるナショナリズム的信念によって担保された言辞だったのではなかろうか。私たちはいま、『2ちゃんねる』化する社会のただなかに生きているのかもしれない」

ここに至って氏は敢然と自爆テロを実行した。私たちはいま、「2ちゃんねる」化する社会に生きているのではなく、社会化した「2ちゃんねる」を手に入れたのである。

隠された情報を共有化できるネット

では、社会化した「2ちゃんねる」とは何であろうか？　社会は、崇高な理念や高邁な志から卑猥《ひわい》な妄想や悪意の間にある、あらゆる人間的営為の集合である。

それでいて、社会化された人間としてオーガナイズされるのは、社会というシステムに個人個人を統合させ帰属させることによって個々の生存が可能になったからで、おそらく原始時代からその関係性は変わらないままだろう。

人間社会の高貴から低俗までのありとあらゆる要素が詰まった〈ネット社会〉が「2ちゃんねる」なのである。北田氏のような一元的見方で透視できるほど単純な〈社会〉ではないのだ。

たとえば反マスコミということで言えば、当時「2ちゃんねらー」の多くが反応したのは、平成十六年（二〇〇四）五月二十八日に『中日新聞』のスクープで明らかにされた東シナ海の海底油田を支那が日本政府に無断で試掘を開始したことだ。『中日

『新聞』の情報が発信されると、関連ある「2ちゃんねる」内の掲示板のいろいろなスレッドに書き込みが増え出した。

「今回の事件を大手マスコミがまったく報道しない理由がわかった気がする。（中略）日本のマスコミは、中国に不利な報道はしないという契約を結んでいます。昭和三十九年（一九六四）松村謙三ら親中派の自民党代議士三名が訪中し、中国共産党と日中記者交換協定を結び、日中双方が記者交換に当たって必ず守るべき事項として、『日中関係の政治三原則』、

一、中国を敵視しない

二、二つの中国を造る陰謀に加わらない

三、日中国交正常化を妨げない

を受諾してしまったのである。

事実上、中国共産党によって恣意的に解釈できる検閲条項に等しい日中政治三原則に拘束されてしまい、『朝日新聞』以下我が国のマスコミは、

一、チベット、ウイグルを始め周辺諸国諸民族に対する中国共産党の侵略行為とジェノサイド（大虐殺）

二、中国共産党の腐敗汚職、彼等に対する中国人民の憎悪反発

三、中共軍の軍備拡張と我が国の領海、排他的経済水域への侵犯行為

四、内憂を外患に転ずる為の中国共産党の虚偽に満ちた反日政策宣伝等を批判せず、あるいはろくに報道さえしないのである」

と、こんな書き込みで一般人には隠された情報を共有化するのだ。

さらに二日もしないうちに広く国民に訴えるために〈拠点サイト〉が誕生する。そこを拠点にして政府、経産省、各政治家、各メディアにメールで訴えることも可能になった。「2ちゃんねる」でも書き込みが続いた。

「ここ『東亜ニュース+』に貼りついてから、何日たっただろう。これは一国家にとっては小さな一歩だが、戦後日本にとっては偉大な進歩かもしれない。ようやく、我々はスタートラインに立ったのだ。だが、油断は禁物。政府への抗議を単なる苦情で終わらせてはならない。本当の戦いは、ここから始まる」

「喪前(註1)ら気を抜くな、戦いはこれからだ、使ってくださいです……国会議員、マスコミに、二十三のテレビ局・テレビ番組、百二十三社の新聞社、十一のラジオ番組、百一人の参議院議員にそれぞれいっせいに意見メールを送信するツールです」

「しかし、漏れ(註2)ら2ちゃんねらって、ある意味で日本の縁の下の力持ちかもね⁉ 決して誰に知られるわけでも誉められるでもなく無職のヒッキー（ひきこもり）とレッテル張り（原文ママ）されながらも黙々と日本の世論を少しでもまともな方向へ導く、サイレントマジョリティーってやつなんじゃね？」

「激同(注3)！　無職ではないけどネ！　今回の件はどう見ても日本人に大義がある。まだスタートラインにも立ってない訳でこれからも尻を叩く必要はある。オレは手を緩めんゾ！　ひたすらメールひたすらメール……」

と、このような肉声が続くのだ。

社会化した「2ちゃんねる」を手に入れた人々

「俺たちはお互い顔も声も性別も年齢も現住所も分からないし、一生リアルでは顔を合わせることはないだろうし、たとえ合わせてもお互い誰だか気付かないのであろうが、同じ日本人として日本を愛する気持ちを共有している同志とこういう形で曲がりなりにも接点を持てたことに感謝しているよ。

俺には今回の中国の採掘船がペリーの黒船の再来のような気がする。あのときも幕府の腰抜けはただおろおろするばかりだったんだよな。子供の頃、大河ドラマなんかで幕末の志士たちの活躍を見て、『どうして俺はああいう激動の時代に生まれなかったんだろう』と悔しい思いをしたことがあったが、いまの時代もそれに負けないくらい日本という国にとって歴史的な転換期にさしかかっているのかもしれないな。でもって、ある種の2ちゃんねらっていうのは現代の脱藩浪人みたいなものなのかもな。

というわけで俺も俺なりに頑張るよ！」

「ネットの最大の利点は、いままで声に出すことを躊躇《ためら》われたようなことを出せるってこったな。実生活に影響が少ないから。

たとえば以前であれば、ちょっと過激な事を言っただけで、声のおおきな連中（マスコミを牛耳ってたりとかそういう意味でな）から、『あいつは右翼だ！　危険分子だ！』って叩かれかねない状況だったから、なんかおかしいなぁとおもったところで何も言えなかった。

だから、たとえ隣に同じ思想を持ってる奴がいたところで、そしてそれが多くの人間が抱えていた疑問であったとしても、声を出せない、意思疎通ができないという段階でマイノリティとされてきたわけだ。しかし、昨今ネットが普及したことにより、みんなが安全に声を出せるように、意思の疎通ができるようになってきたわけだ。これによって、自分の思想が少数分子による危険思想ではないと確認できるようになった。じつに大きな進歩だ。声が大きいだけの偏《かたよ》った思想家どもが大衆を煽動《せんどう》できる時代は終わったってこったな」

「年金基金で油田開発しろよ。グリーンピアとか作るより、半万倍いいと思うが」

「テレビ報道を見て見なさいな。この問題はほとんど触れてない。日中関係の今後を示す重要な問題なのに情報統制のようなことをするとは。いかにテレビが外圧に弱いかわかるものだ。その一方で政府のことは常に批判するのだから、自己矛盾に満ちているな」

「できることから一つずつ、な。お仕着せとはいえ民主主義の国に生まれたんだ。地道に努力してまともな社会を取り戻そうよ」

思考停止メディアの偏向が見えてきた

この種の書き込みの集積は情報の共有化を促す。この後、六月八日に『産経』が一面トップで大きく報じ、『読売』も二面で大きな記事にしたが、これには彼らのメディアへのメール作戦も寄与した可能性がある。これは私に届いたメールの一部だ。

「俺たち国民は黙って指を咥《くわ》えてるしかないのでしょうか？　どうすればいいと思いますか？　悲しいことにこの一触即発の軍事危機とも言える出来事を周りの人間たちはまったく無関心を決め込んでいます。会社内で危機感を抱いていたのは俺だけでした。

今日という今日は本当にこの国がイヤになりました。本当に悔しくて悔しくて。それよりも、知らぬ間に飼いならされてしまった俺たちを、靖国の英霊は嘆いておられると思います。このままでは逝ってしまわれた英霊に合わす顔がありません。俺たちにいまできることを教えてください」

このメールの送り主、高松市在住の朝日博さん（当時三十三歳）は私に後でこう答えてくれた。

「ワールドカップの頃からネットを使うようになったんです。それで一遍にいろいろなことが見えるようになったんです。その頃偶然、岡崎久彦さんの『どこで日本人の歴史観は歪んだのか』を読んで、ワールドカップの報道で疑問に思い、ネットで知ったいろいろな歴史知識に触れて感じてたモヤモヤがスッキリしたんですよ。

僕は法学部だし学生時代は左翼でした。2ちゃんねるも最初は偏ったイメージがあって、恐くて近付きがたい感じでした。最近はニュースソースを見つけるために利用しています。新聞は大分前に取るのを止めたし、テレビも見なくなりましたね。ドキュメンタリーとスポーツ中継以外は」

いま、確実に激増しているのが朝日さんのようなメディアの〈受け手〉だ。これは平成八年（一九九六）からインターネットにかかわっている私の実感であり、二〇〇二年日韓W杯のころから取材を続けているさまざまなネット利用者の実像だ。平成十五年（二〇〇三）の終戦記念日に靖国神社のネット参拝に参加した人たちも二十代前半から三十代が主力で、ワールドカップで偏向メディアの存在に気付き、小泉訪朝で完全に目覚めたと打ち明けてくれた人がほとんどだった。

平成十四年（二〇〇二）のダブルショックが既存メディア離れを生み、思考停止メディアが〈ぷちナショナリズム〉を喧伝《けんでん》する時機と呼応している。

北朝鮮問題では、「2ちゃんねる」の「世界情勢東アジアnews速報+」という掲示板に北朝鮮関連の拉致、核問題の、おもに海外メディアを扱うスレッドがあり、各国の新聞、雑誌情報を精緻《せいち》に分析し合っている。そこでは、日本メディアが報じる偏ったニュースソースの取り方・分析、海外メディアを紹介する記事の誤った要約を批判して、一次情報を大切にしながら本当の情報の共有化を目指していた。日本メディアの海外支局や共同通信、時事通信がいかに誤った情報を伝えているかを分析、批評していたのだ。

旧時代人による思考停止メディアがいかに偏向報道を流し、報道公害を撒《ま》き散らしても、まずメディアを疑うという前提を作法として身につけた人たちが、着実にメディアリテラシーを確立しつつある。

平成十五年（二〇〇三）、石原慎太郎都知事がTBSの捏造《ねつぞう》報道の被害に遭ったときも、真っ先に「2ちゃんねる」からメディアの虚偽報道を許さないという声が挙がり、TBS前で抗議活動を行うところまで〈バーチャル空間〉から〈現実〉に関与し始めたのだ。

〈閉ざされた思考空間〉を情報空間で突き崩せ

イラク人質事件以来、個人によるブログ（註4）と呼ばれる時事評論サイトが林立し、いずれも多くのアクセスを集めるようになった。その現象も二年前の〈小泉訪朝〉以来続いた流れが底流にある。

今後は、それらのパーソナルメディアがネットワーク化され、ジャンルごとにポータルサイトが育っていけば、思考停止メディアはいま以上力を失っていく。情報の共有化こそ、パーソナルメディアの武器であり、〈社会化された2ちゃんねる〉をベースに情報ヒエラルキーを崩壊させる可能性も生まれ始めている。

アメリカでは、大統領選挙の報道でブッシュ大統領の軍歴疑惑を大きく報道したCBSの人気番組、『60 Minutes』の大物キャスター、ダン・ラザー氏が、パーソナルメディアであるブログで捏造が指摘されて大騒ぎになり、既存メディアがネット情報を追うような形で報道し、ダン・ラザー氏とCBSの社長が謝罪するという事件まで起きた。大統領選挙も大手メディアの偏向を批判するブログの予想したとおり、ブッシュ大統領が勝利した。

ただ、アメリカのメディアは偏向していてもフェアであり、とても筑紫哲也氏やTBS、テレビ朝日には真似はできない謝罪をしたことは特筆できる。

東シナ海の海底資源問題の拠点サイト「Life Line」を制作した佐藤壮之輔さん（当時二十七歳）は「2ちゃんねる」についてこう言う。

「情報を集めて集約して、みんなで検証でき、同時に複数のニュースソースを比べられるというのが2ちゃんねるの最大の魅力です。

ただ、注意しなければならないこともある。僕たちがメディアリサーチの力を高めていないと、偽情報に振り回されてしまうこともあります。2ちゃんねるの有名な言葉があるじゃないですか、嘘を嘘と見抜けないとネットでは危ないんです。それと、匿名《とくめい》なので妨害や工作が必ず入るので、忍耐力も必要です。ただ、顔も合わせない人たちが、みんなで情報を分かち合えるのは楽しいです」

シニシズムとアイロニズムだけで「2ちゃんねる」を断罪したり、サヨク思考に捉われたまま悪質な一面だけを取り上げて批判しても、〈バーチャル〉でない〈現実〉はたじろぐことはない。

アメリカ占領軍GHQによって始められ、サヨク勢力が受け継いだ戦後日本の〈閉ざされた思考空間〉が、いま、新しい情報空間によって突き崩されようとしている。

註

1 **喪前ら** 「2ちゃんねる」用語。お前らの意。

2 **漏れ** 「2ちゃんねる」用語。俺の意。

3 **激同** 「2ちゃんねる」用語。ハゲドウと読む。「激しく同意する」の意。

4 **ブログ** 「ウェブログ」を縮めたもの。簡単に更新できる日記形式のホームページ。

第四章

拉致家族と『朝日新聞』＆筑紫哲也氏の深すぎる溝

戦後の教育は、みんな歴史を事実であるかのやうに教へてゐる。我々の時代は、そんなバカなことを教へられなかつた。いまのはうが欺瞞《ぎまん》が徹底してゐるんだ。皇国史観以上に徹底してゐると思ひますね。（福田恆存）

変哲のない日本の日常とは明らかに異なった空間

平成十四年（二〇〇二）の九月は雨が多かったという記憶がある。ジャズの名曲『セプテンバー・イン・ザ・レイン』を思わせる小雨が日比谷公園のアスファルトを濡らしていた。

彼岸《ひがん》を前にしては肌寒い祝日だったが、日比谷公会堂は緊迫した熱気に包まれていた。平成十四年九月十六日の午後、小泉訪朝を翌日に控え、「救う会」や「家族会」「拉致議連」（北朝鮮に拉致された日本人を早期に救出するために行動する議員連盟）などの主催による集会が開かれていたからだ。

家族会と救う会が結成された翌平成十年（一九九八）に、北朝鮮は弾道ミサイルテポドンを発射した。

結成した二年後、つまり、テポドン発射の翌年から彼らは毎年一回、国民大集会を開いていたが、日比谷公会堂が二階席までほぼ満員となり、大きな掛け声や激励が会場の至る場所から壇上に浴びせられ、緊張感と熱気がここまで交錯したことはこの日までなかった。

小泉訪朝の前日に二千人近くが集まっていたのだ。十一月三日に行われる集会を急遽《きゅうきょ》この日に変更したのは、歴史的な小泉訪朝が実現したからだった。

家族会・救う会にとって、ついに待ちに待った瞬間が訪れる。拉致事件を解明する糸口が開かれる。四半世紀も前に行方不明になった家族を取り戻せるかもしれない……。そんな彼らの想いが充満した日比谷公会堂は、変哲のない日本の日常とは明らかに異なった空間になっていた。

「小泉総理は日朝首脳会談ですべての拉致被害者の救出を」と、この日会場で配布されたビラには彼らと支援者の希《ねが》いを直截《ちょくせつ》に訴えるメッセージがあった。

「私たちは金正日に要求する。拉致はあなたの責任において行われた国家犯罪である。この解決なくしては国交正常化の実現も、もちろん援助もない。それどころか、強い制裁措置に至ることは自明の理である。直ちにすべての拉致被害者の現状を恢復し、謝罪するよう求めるものである」

閉会間際に発表されたアピールにはストレートに、分かりやすく、こう謳《うた》われている。と同時に、小泉首相が家族会・救う会と訪朝前に面会しないことへの抗議と要望も読み上げられた。逼迫《ひっぱく》した被害者たちの気持ちがこもった肉声だ。

「政府専用機の出発までまだ丸半日余の時間が残されている。総理が家族に会えないはずはない。拉致問題が最大の焦点である今回の訪朝で、出発前に直接家族の声を聞くのは当然のことである。私たちは総理に再度家族との面会を要求する」

日比谷公会堂を揺るがす大きな拍手とともにアピールは採択され、最後は童謡

『故郷《ふるさと》』を会場の全員で唄い、シュプレヒコールで閉会した。涙を流している参加者も少なくなかった。

にもかかわらず、この集会を報道するメディアは、小泉訪朝の前日ということもあり多くの報道陣が取材していたのだが、集会の熱気と緊張感を何気ない〈変哲のない日常〉のシーンの一つとしてしか伝えていなかったのではないか？

このギャップが、じつは拉致被害者が帰国した平成十四年十月十五日以降浮かび上がった報道のさまざまな問題点の原因として、あらかじめ胚胎されていたのである。

集会が終わると雨も止み、水たまりが薄日を鈍く反射させた。

約二万人の国民大集会

約八カ月後の平成十五年（二〇〇三）五月七日、有楽町の東京国際フォーラムで集会が行われ、五千人収容の会場に六千人が入場し、なお千人が臨時の別会場でモニターを見ながら参加した。それでも入れなかった五千人は会場ホールや周辺で中の様子を見守っていた。

有楽町駅から会場への道では入場不可能との案内もあり、引き返した多数の人も加えれば、二万人近くが「拉致はテロだ！　国民大集会」に訪れたと推定される。

家族会・救う会・拉致議連の主催者側は途中壇上から何度も抜け出し、会場外の入場できなかった人にお詫びの挨拶をしたのだが、場外も臨時集会場と化し、中の様子を見守っていた何千人もの人々に激励され、シュプレヒコールで応えるという一幕もあった。

八カ月前の日比谷公会堂の緊張感と熱気が、東京国際フォーラムでは比較にならないほど増幅され、拉致問題の解決を目指す国民の希いがうねりとなり、一点に凝縮した歴史的な記念日となったのである。

拉致被害者が帰国した翌々日の十月十七日、北朝鮮に死亡と発表された増元るみ子さんの父、増元正一氏が八十歳で亡くなった。

東京から駆けつけたるみ子さんの弟照明氏に、「わしは日本を信じる。お前も日本を信じろ」と臨終の言葉を遺し、静かに息を引き取った。この増元正一氏の最後の言葉は余りに重い。

増元正一氏の遺言とも言える「日本を信じろ！」というメッセージは、拉致問題を〈変哲のない日常〉と同位相で報道する日本の状況を切り裂き、その断面を私たちに示してくれるのだ。父の遺影を集会で終始胸に掲げていた増元照明氏はこの日の集会をこう振り返った。

「遺影をずうっと持っていたのは、父とあの場に一緒にいたかったからなんです。会場が満杯になっていることは知っていたんですが、実際に幕が上がって会場が見えると本当に驚きました。感動しました。東京国際フォーラムは場内が明るいので二階席の奥までビッシリ人がいて、立ち見の方も見えたんですね。勇気づけられたのは拉致被害者の五人も同じです。五人も感動して、『すごく力になった』と言っていました」

家族会・救う会・拉致議連の一同は全員が同じことを感じ、言葉にならない感動に震えていた。

「拉致は有事」という認識を欠くメディア

しかし、彼らが集会の参加者に心を動かされ、勇気づけられ、五人の拉致被害者を取り戻していたという状況の変化はあるにせよ、日比谷公会堂のときと比べて内実に大きな変化があったわけではない。不遜な北朝鮮の対応と戦略の一欠片《ひとかけら》も見せない外務省の危《あや》うさは、事態を一向に打開していなかったので、彼らの訴えは小泉訪朝前と何ら変わっていなかったからだ。

冷徹に言えば、五月七日の集会の成功は、彼らを中心とした支援の同心円が何十倍、何百倍に広がったという事実に過ぎなかった。全面解決まではまだまだ遠い道のりが残されているからだ。

また、集会を伝えたメディアも基本的には八カ月前と変わったわけではなかった。

もちろん、拉致被害者五人の帰国を経て小泉訪朝前より理解が進んだメディアは、より拉致問題の本質に迫る報道を可能としていたが、もっとも重要な問題を忌避《きひ》したままなのである。

なぜなら、〈変哲のない日常〉として拉致問題を報道するスタンスが、日比谷公会堂のときと変化がなかったからだ。重要な問題とは、拉致はテロであり、〈非日常〉の有事であるという認識をメディアが欠いていることだ。

集会を報道しない筑紫哲也氏

しかし、平成十五年（二〇〇三）五月七日の集会に関する報道で興味深いことがあった。驚いたことに、筑紫哲也氏がキャスターを務めるＴＢＳの『ＮＥＷＳ23』はこの集会に一切言及せず、一秒も報道しなかったのである。

『ＮＥＷＳ23』は、その替わりに集会にゲストとして参加していたドイツ人医師、ノルベルト・フォラツェン氏のインタビューのみを放送している。フォラツェン氏はドイツ緊急医師団の一員として北朝鮮に入り、そのあまりの惨状に北朝鮮の体制変革を目指す活動に身を投じた闘う医師である。北朝鮮政府の打倒と変革なしでは飢えと病気に瀕している子供たちを救出することが不可能だと悟っている。

そんな彼が『ＮＥＷＳ23』が集会を一秒も報じなかった理由を私に説明してくれた。

「私は怒っているんです。私のインタビューが流れた日に、なぜ報道しなかったのか問い質《ただ》すと、ＴＢＳ側はこう言ったんです。あれはナショナリズムの集会だったから放送しなかった、と……。呆れてものが言えませんが、これから私は彼らとは闘っていくんだという気持ちになりました」。こう言ってフォラツェン氏は憤懣《ふんまん》やるかたない表情で苦笑いした。

ある意味、ＴＢＳと筑紫氏は拉致問題を〈非日常〉の有事であると捉えたからこそ、彼らのスタンスで、戦後日本の大衆運動でイデオロギーを介さない、おそらく最高に高揚した記念碑的な集会を黙殺することにしたのだ。

つまり筑紫氏は、報道機関に課せられている公正で客観的な報道をしなければならないという原則を捨ててまで、北朝鮮のメディアがこの集会を無視するのと同じ位相から有事に対応した報道をしたということだ。それは拉致問題を〈変哲のない日常〉と把握するのではなく、日本人としての公正さ、客観性を主体的に捨象《しゃしょう》したということだ。

ただ、惜しむらくは、彼が意識的に集会を黙殺した犯罪的意図は、少なくとも日本および日本人の立場に立ったものでなく、北朝鮮か第三国の立場に立脚したものであるということだ。

日本のナショナリズムを全否定した時点で、『ＮＥＷＳ23』は北朝鮮か第三国のナショナリズムに論理的に加担しているのである。自らのアイデンティティを〈敵国〉

日本で明らかにした筑紫氏の蛮勇を大いに讃えたいところだが、自らの〈反日〉イデオロギーで重要なニュースを無視し、情報操作で公共の電波を私物化しているのは動かしがたい事実である。

増元照明氏が受け止めた「日本を信じろ！」という父正一氏の遺言の「日本」には、筑紫氏とＴＢＳは当然含まれていないことになってしまう。

メディア三団体の要望書

平成十五年（二〇〇三）三月三十一日、突然、日本新聞協会、日本民間放送連盟、日本雑誌協会のメディア三団体から家族会と救う会に「帰国した拉致被害者の方への取材について」という要望書が提出された。

この三団体の連名ということは、日本のマスコミ界のすべてが家族会・救う会に要望書を提出したと言っても過言ではない。明らかに異常な事態だった。長くなるが全文を引用したい。

「拉致被害者の方への個別取材と、記者会見での自由な質疑が実現するよう申し入れます。

貴会は昨年十月十一日付で、報道取材の過熱が想定されるとして、『拉致被害者の帰国にあたっての節度ある取材のお願い』を日本新聞協会、日本民間放送連盟、日本雑誌協会に要請されました。これを受けて私たちは、本人や家族の人権・プライバシーを損なったり、周辺住民の平穏な生活を乱したりすることのないよう、『節度ある取材』を申し合わせました。

この結果、懸念されていた集団的過熱取材（メディアスクラム）状態は避けられ、混乱は最小限にとどめることができていると自負しています。その一方で、取材現場の在京社会部長会、新潟県報道責任者会議、福井県報道責任者会議は、取材の原則である本人への個別取材、記者会見での自由な質疑などを要請してきましたが、いまだに実現していません。

被害者の方は、家族と話し合う中で『永住帰国』を決断され、当初の『一時帰国』という状況は大きく変わりました。また、周囲の温かい支援に包まれて、日本国民として、地域の一員として日本での暮らしになじみ、状況をきちんと理解されるようになったと見受けられます。北朝鮮に夫や子供を残されていること、ほかにも拉致被害者の方々がいることは理解しますが、異常な取材制限が続いていることは、まことに遺憾というほかありません。

五人の方の体験に基づくお話などは、国民の大きな関心事であり、これを取材・報道することは報道機関の重大な責務です。しかし、現在の取材の在り方では、どのメディアも同じ内容の画一的な報道になり、報道機関に課せられた使命達成の支障となっています。しかも、五人の方の真意が誤って伝えられる可能性も危惧されます。私たちは、五人のみなさんがメディアを通して、直接、その思いを語られ、考えを述べられることが、拉致問題への国民の理解を深め、ひいては解決への道をひらくことにもつながると信じています。以上」

この文書を目にしたとき、違和感を感じたのは家族会・救う会だけではないだろう。きわめて〈異常な〉申し入れだった。

拉致被害者帰国後の過熱報道は、拉致問題解決に無益なものも少なくなかった。無益どころか、強制連行、従軍慰安婦といった誤謬に基づく歴史認識をベースにしたニュース解説や特集が発信され、結果的に北朝鮮を利し、日本を貶《おとし》める情報が氾濫した。また、本質とは程遠い扇情的な報道や、挙げ句の果てに、北朝鮮のプロパガンダとなったインタビューや特集までが垂れ流しになっていたのだ。

さらに言えば、要望書の「北朝鮮に夫や子供を残されていること（中略）は理解しますが、異常な取材制限が続いていることは、まことに遺憾というほかありません」という部分が非常に気に掛かった。

本当に「異常な取材制限」が続いているのであろうか？　〈異常〉とは何だろう？〈正常〉とは何だろう？

筑紫氏のように拉致報道を敵国の立場からは有事の報道だと認識していながら、自らの反日という立場を一般視聴者に明確にしないまま、氏の思想信条に則した情報操作を行うのと同じように、有事を認識できず〈変哲のない日常〉として拉致報道を行えると信じることも、異常なのではないだろうか？

取材現場からかけ離れた要望

そもそも本当に取材の現場でマスコミ三団体が申し入れをしなければならないほど障害が横たわっているのか疑問だった。拉致問題を取材するある在京新聞社の記者はこう打ち明ける。

「あの要望書が出たというのはニュースで知ったんですよ。え？　という感じだった。現場であのような要望書が出たこと自体知らなかったんですから。拉致被害者を個別取材したい。どこも書いていないことをスクープしたい。そんなことは当たり前で、誰だって考えますよ。でも、現状ではそれは不可能です。彼らが非常に辛い立場、危うい立場にいることは理解できます。言いたくても言えないことがいっぱいあるのは常識でしょう。人質《ひとじち》を取られているんですから」

彼の言葉を聞いて驚かされたのは、現場とはまったく違う場所から、おそらく何らかの意図をもって要望書が出されたということだった。現場の意見を吸い上げた結果、「異常な取材制限」に問題があるので要望書になったということではないらしい。

要望書が出される直前、曽我ひとみさんが報道陣の目をかいくぐり、東京で癌の摘出手術を行っていた。地元の記者クラブは曽我さんが隠れて東京で手術を行ったことを非難したが、曽我さんの取材の窓口になっている佐渡、真野町役場の対応は非難されるものなのだろうか？　常に報道陣の監視下にあり、ただでさえ注目が集まる拉致被害者が癌の手術を行うとなれば、どういう状況になるか容易に想像できる。

拉致被害者たちは帰国後二日間は東京に滞在し、その間は在京新聞社がおもに取材を担当し、地元に戻った直後は東京からも取材陣が現地に赴いていたのだが、その後は各地元の支局、地方メディアが取材を行っている。

帰国直後の東京滞在中は、救う会が取材の窓口になり、地元に戻ってからは各自治体が窓口になっている。

「現場の記者はそうでもないんですが、デスククラスや部長、局長あたりになると、〝救う会イデオロギー〟という言葉を使うんですよ。それが変ですね。〝救う会イデオロギー〟が嫌いな世代がいるのは確かですね」と彼は続けた。

耳慣れない言葉に思わず吹き出してしまったが、〝救う会イデオロギー〟とは、おそらく北朝鮮へは強い姿勢で日本の要求を伝えなければ何も解決しないということや、金正日政権を打倒しなければ全面解決はしないという、家族会・救う会の基本姿勢のことを指すのだろう。ただ、これは当たり前のことである。普通に考えれば北朝鮮を除く世界中の誰もがそう考えるはずだ。

にもかかわらず、〝救う会イデオロギー〟という幻想が強迫観念のように頭を支配している人間がいたら、確信犯の工作員以外に考えられないではないか。また、家族会・救う会をなるべく不利にしようという意図が働く可能性もあるし、無意識の内に北朝鮮寄りの行動を取ってしまっても不思議はない。

家族会・救う会は別に特定のイデオロギーの下に集まっているわけではなく、拉致被害者をどうやったら日本に取り戻せるかという、日本人として当然のことを素朴に訴え、活動をしてきただけなのである。

むしろ時代遅れの硬直したイデオロギーから自由になれないために、メディアの一部が日本人として当然の行動をイデオロギーという言葉でしか表現できないのだ。

これは、『ＮＥＷＳ23』がナショナリズムの集会だったから報道しなかったという妄言と同レベルの認識である。

自然なナショナリズムの発露を否定するのは、日本以外の国のナショナリズムに衝き動かされているか、名状しがたい反日衝動に憑《つ》かれているかのどちらかである。

しかも、それでいて、自分は〈日本の敵〉だという自覚がもしなければ、幻想の中に身を置いているということになる。結局、自らのアイデンティティを日本ではなく、幻想の世界にしか見出せない人間なのだ。

それは、戦後五十九年間で日本を覆ってきた不健全な〈平和幻想〉と呼べるものなのかもしれない。

拉致報道を阻害する平和幻想

拉致報道の問題とは何か？　それは平成十四年（二〇〇二）の小泉訪朝の日から生じた、救う会・家族会の闘いと、メディアの〈平和幻想〉との断裂の狭間《はざま》で培養されたギャップに集約される。そのギャップは絶えず継続し、彼らを悩ませてきた。何か問題が表面化するときは、必ずメディアが拉致被害者の立場に立っていないことが表面化するときだった。増元氏はこう言う。

「訪朝した九月十七日はそう思いませんでした。マスコミも日本の立場で報道していたような気がします。しかし、翌日からもう違ってきました。とくに十月十五日に五人が帰ってから違和感が大きくなりました。

たとえば、ペルーの日本大使館の人質事件のときなど、どうやって人質を救出するかが焦点になっていましたよね。それが、今回はまったく違うんですよ。どうやって助けるんだという報道がまったく出てこない。客観的に北朝鮮はこういう国だと説明したり、国際情勢の分析ばかり。拉致というテロによって苦しんでいる日本人がいることを無視しています」

家族会事務局長（当時）である蓮池透氏も何度も同じことを表明していた。最初は、クアラルンプールで日朝国交正常化交渉第十二回本会談が行われた直後の平成十四年（二〇〇二）十月三十一日だった。

「私たちは特別な人間ではなく、一国民にすぎません。こんな家族があっても、いいのでしょうか。皆さんも、客観的な報道という大義名分も結構ですが、いいかげんに、被害を受けたのはわが国であって、拉致の被害者を返せと伝えてほしい」と記者会見で述べている。

そして一週間後の十一月六日、テレビ朝日の『ニュースステーション』に出演した際、久米宏氏に「被害者を返せと言ってほしい」とまで蓮池氏は懇願したのだ。

極限まで追いつめられ、猶予《ゆうよ》がまったくない情況からの叫びだったのだが、この番組では〈変哲のない日常〉に身を置くキャスターに彼の切迫した気持ちは届くことはなかった。

こうして、増元氏や蓮池氏だけでなく、家族会代表の横田滋氏も含め、全員が苦しい状況の中に身を置かなければならなかった。「どうやって助けるんだという報道がまったく出てこない」「拉致というテロによって苦しんでいる日本人がいることを無視しています」という増元氏の指摘は、誰にも否定できないメディアの欠陥となり、救う会・家族会とメディアの齟齬《そご》が沈殿していった。その過程で、歴史認識の誤謬《ごびゅう》に基づいた北朝鮮の宣伝が発信され続けてきたのだ。

捏造史観三点セットによる洗脳工作

強制連行、従軍慰安婦、教科書問題という捏造《ねつぞう》史観三点セットが繰り返し、繰り返し、拉致報道の中に微妙にブレンドされてきた。

洗脳は繰り返しにその効用がある。どんなに馬鹿げた、取るに足らないことでも、毎日、何回か繰り返し聞かされていると違和感を感じなくなり、反応も鈍くなっていく。

もし、歪曲《わいきょく》された自虐史観の歴史しか知らない人間が、あの手の情報を浴び続けていたら、間違いなく拉致問題への憤りは沈静化され、〈平和幻想〉の中で主体性を失った日本人として北朝鮮の主張を次第に受け入れ始めてしまうだろう。

かつて大島渚氏が三島由紀夫と対談したとき、大島渚氏が「テレビ局の人間はみんなファシストですね」と言ったのだが、まさに〈ファシズム〉による洗脳工作がどれだけ日本人の北朝鮮への怒りを抑えているのだろうか。

イラク戦争反対デモは行われても、北朝鮮への怒りのデモさえ、自然発生的には行われないのが日本の現状なのである。

もちろん、イラク反戦デモは〈ファシスト〉たちの絶大な協力があってこそ生まれたものなのだが、二万人が集まった拉致被害者奪還の集会が一切報道されず、百人の反戦デモを報道するテレビ局に、普通の日本人がもっともっと、憤りを表明する必要があるだろう。

拉致というテロが、すでに六〇年代から断続的に北朝鮮から日本に仕掛けられている状況が、すでに一種の戦争状態であるという認識を、なぜ日本のメディアは持つことができないのであろうか？　「テロリズムは戦争である」という命題は、平成十三年（二〇〇一）九月十一日にニューヨークとワシントンで証明されているのである。〈平和幻想〉に捉われたまま、そんな基本認識すら欠如しているので、危機が進行している状況の中でも我が国のメディアは日本という主体性を確保できず、拉致被害者の立場、日本の立場に立った拉致報道を不十分なものにしている。

すでに戦争状態であるならば、当然、熾烈な情報戦も行われている。現状ではミサイルや弾丸が日本の中で飛び交っていないように思われるが、実際は苛酷な情報戦の下で、ミサイルや弾丸に等しい武器が降り注いでいるのだ。

少しでもメディアがそんな認識を持ち得れば、有事での報道はどうあるべきかということに想像力が及ぶはずである。すでに情報戦という戦争は行われているのである。

反日を輸出する『朝日』

考えてみれば、捏造史観三点セットの強制連行、従軍慰安婦、教科書問題は、日本が情報の発信地だった。

つまり、都内の貿易会社がミサイル部品になり得る電子パーツを北朝鮮に輸出しようとして捜索を受けたが、『朝日新聞』はすでに情報戦の武器輸出を完パケ（註1）にして二十年前から行っていたということなのだ。

本多勝一氏の「中国の旅」は三十九年前の連載だった。教科書問題を韓国に焚きつけたのは二十九年前だった。日本を攻撃するさまざまな武器を黙々と中国、韓国、北朝鮮という反日三カ国に輸出していたのが『朝日新聞』だった。武器輸出禁止を自らが破っていながら、平成十六年（二〇〇四）八月からの日本政府の武器禁輸措置撤廃の動きを批判する資格はないはずだ。

先ほどの新聞記者はこう付け加えてくれた。

「〝救う会イデオロギー〟という言葉をデスククラスが仲間内で使っているのは、在京の新聞では『朝日新聞』『毎日新聞』『東京新聞』です」

つまり、半数の新聞がすでに〈平和幻想〉に捉われた地点から日本の敵として情報操作を行っている可能性が高いということだ。

そう考えれば、平成十四年（二〇〇二）以来の拉致報道のさまざまな問題が、なぜ同じメディアで発生しているかという疑問も理解できる。『毎日新聞』の、自衛隊がクラスター爆弾を保有しているという周知の事実を、あたかもスクープに見せかけた報道も、国会での有事三法案の成立に揺さぶりをかけるものであったし、北朝鮮有事の際に日本を不利な方向へ導こうとする時限クラスター爆弾だった。

平成十四年来継続している情報操作も、朝日新聞ＯＢと筑紫氏が編集委員を務める『週刊金曜日』のジェンキンスさんインタビュー、『週刊朝日』の地村氏隠し録り取材という流れの中で、さらなる新兵器が差し向けられていたのである。

ポーズとしての申し入れ？

さて、話を「要望書」に戻してみよう。前記「要望書」が三月三十一日に提出されると、家族会・救う会は四月一日に文章で回答した。「事実関係に関して大きな誤解があることに驚きました」という文章で始まり、こう答えている。

「一、『申し入れ』は『記者会見での自由な質疑』が『いまだに実現していません』と書いていますが、帰国した拉致被害者は現在、節目節目で要請に応じて行っている記者会見で『自由な質疑』を受けています。通常は最初に何問か事前に提出いただいた質問にお答えした後、その場で予告なしの質問がされ、それに答えています。

ところが、『申し入れ』を持ってこられた新聞協会の代表は、この点を指摘した私たちに対して、見解の違いだと発言されました。私たちは同協会所属社の複数の記者の方から『自由な質疑ができている』と聞いています。ぜひ、現場の記者から実態をお聞きになっていただきたいと強く願います。（中略）

三、十月十一日付の私たちの『節度ある取材のお願い』には、『帰国する本人は、北朝鮮に夫や子らを残しているたいへん微妙な立場』であることをお願いの理由に挙げています。『申し入れ』は『状況は大きく変わりました』と書いていますが、お願いしたときと現在とを比べて、上記の『微妙な立場』には何の変化もありません。

四、『異常な取材制限が続いていることは、まことに遺憾』とあります。私たちが『節度ある取材のお願い』を行い、それに三団体が応じてくださって現在の取材の枠組みが決まったという経過からして、この記述は事実と相反するといわざるをえません。（後略）」

私が何人かの記者を取材して得た情報と「回答」の内容はほぼ符合する。つまり、要望書は現場とかけ離れた場所から出されたものであり、何のための「要望書」であるかが理解不能なものだった。

要望書が出された一カ月後、マスコミ三団体と家族会・救う会は相互理解を深めようという主旨で懇談会を開催した。席上、個別取材がまだできないのかという質問に対し、救う会副会長（当時）の西岡力氏は「まだ、じつは彼らが北朝鮮でどんな暮らしをしていたのか、他の八人の情報も救う会も聞いていない。私たちにも彼らは神経を使っている。これは事件なのだから、誘拐事件の報道協定に準ずるような形でお願いしたい」と答えている。

また、蓮池透家族会事務局長（当時）は、

「共同記者会見の三日前から彼らはナーバスになっていく。個別取材を受けたら、笑顔も出るだろうけど、言うことは同じだと思います」と被害者たちの苦しい精神状況を説明した。

この懇談会に日本雑誌協会は参加していなかったのだが、「要望書」が三団体の連名になっていたものの、やはり数合わせだったことを証明したようなものだった。「要望書」は新聞協会が主導して出されたものだった。

新聞協会編集委員会に下部組織として「集団的過熱取材対策小委員会」が発足したのが平成十四年（二〇〇二）八月で、この「集団的過熱取材対策小委員会」が中心となって「要望書」は提出された。

じつは「集団的過熱取材対策小委員会」の幹事社が朝日新聞から産経新聞に替わったのが平成十五年（二〇〇三）四月一日だった。ある新聞記者は「朝日が実績を残す意味も込めて、入れ替わりの日に出したのではないか」と推理する。しかし、別の新聞社の幹部はこう証言してくれた。

「朝日新聞が主導したということではないんです。メディア全体に拉致報道に関して控え目になっているというフラストレーションが溜まっていたので。拉致被害者が帰国した日、あの記者会見に対する批判が多かったんですよ。内部からも読者からも。あの記者会見は何だ！　という感じで。彼らが故郷に帰った後はやがて自治体が窓口になったので問題があったんですよ。そういうものが溜まっていた。

それと、現場は不満なく仕事をしても、支局長と現場とのギャップが大きかった。現場を知らないとどうしても集団的自粛取材のように見えてしまうんですね。だから、個別取材の申し込みは何回も行っているんです。そういうことがあったので、メディアとしての理念をきちっと示しておきたかったんじゃないでしょうか。ポーズとしての申し入れかもしれませんね」

いずれにしても、これらの証言から判断できるのは、メディアの掲げる高邁な理念を背景にした「要望書」では決してなかったということである。もっとも重要なことを忘れたメディアが、ただのポーズで行ったことが家族会・救う会、そして彼らを支援し、見守っている多くの国民に徒労《とろう》を強《し》いただけだった。

曽我さんへの〝恫喝〟

そんな経緯があったにもかかわらず、またしてもメディアが犯罪ともいえる行為を犯した。平成十五年（二〇〇三）五月十三日、『朝日新聞』に曽我ひとみさんへ北朝鮮の家族から手紙が届いたという記事が掲載された。しかし、驚いたことに、その記事内で北朝鮮の曽我さんの自宅と思える住所がわざわざ完全な形で記載されていたのだ。『週刊金曜日』に続く曽我さんへのおぞましい恫喝《どうかつ》だった。

彼女は早速朝日新聞の社長宛に強い調子の抗議文を送ったのだが、五日後に『朝日新聞』が掲載したのは、編集局長の名目だけの謝罪文だった。

しかも、なぜ住所が掲載されたのかという核心には触れられていなかった。曽我さんが抗議したのは、この記事の結果、北朝鮮の家族への手紙がもう届かなくなるのではないかという不安に駆られたからだ。

常識的に考えて、新聞が本人の承諾も得ず、しかも公表されてもいない個人の住所を記載することはあり得ない。しかも、朝日新聞佐渡通信局の池田敏行記者は窃盗に等しい行為で住所情報を得て、何気なく記事に挿入しているのだ。

『朝日新聞』の「謝罪」によれば、記事は新潟支局、東京本社の両デスクのチェックを受けて社会部長の目を通り掲載されたという。

事態が深刻なのは、この住所が第三者の中継点である可能性が高いからだ。蓮池さん、地村さんは帰還後、手紙を一度も家族へ送れないのにもかかわらず、曽我さんだけはこれまでも手紙のやり取りが可能だった。つまり、手紙を中継してくれる第三者の協力者がいたという可能性がある。北朝鮮は必死にその協力者を突き止め、捕らえようとするかもしれない。

前出の新聞社幹部はこう説明する。

「現場は特ダネ意識で住所を書こうとするだろう。しかし、社会部のデスクのチェックが入るはずであり、どう考えても理解できません。小さな原稿だったので粗末に扱われることが往々にしてあるので、チェック漏《も》れということも考えられる。もし、分かっていての確信犯だとしても理解できない。朝日は過熱報道小委員会の幹事を三月までやっていたし、こんなことになって立場がないって、現場は参っているんですよ」

しかし、参っているのは現場だけなのかもしれない。記事が掲載された日、テレビ朝日の『ワイド！　スクランブル』に夕刊チェックコーナーがあるのだが、佐々木正洋アナウンサーがわざわざご丁寧に赤線が引いてある個所を画面に出しながら、住所まで読み上げていたのだ。

父の遺言「日本を信じろ」を深く胸に刻んでいる増元照明氏はこう訴える。

「ひどすぎますね。現場が持っていくのはまだ理解できるとしても、上が載せてしまえって言うのがね。家族会を怒らせることが目的なんですよ。家族会が怒ってそれが報道されると国民が離れていくんだという認識があると思う。家族会・救う会と国民の分断を画策したんでしょう」

謝罪記事が掲載された二日後の五月二十日、曽我さんと家族会・救う会は連名で「内部調査の結果に納得できない」として、曽我さんの取材拒否継続を伝える文書を朝日新聞社長あてに送っている。この時、増元氏が言った「家族会を怒らせることが目的なんですよ。家族会が怒ってそれが報道されると国民が離れていく」という状況が、まさにそれから一年後の小泉再訪朝のときに実現されたわけだ。〈救う会イデオロギー〉を嫌っていたメディアや政府の一部、外務省によって五・二二の小泉再訪朝後の家族会の怒りが大きく報道され、家族会は敵の工作とともに一部の国民の批判にも晒されてしまった。

メディアは国内外の揺さぶりを撥ね返す姿勢を

このように熾烈《しれつ》な情報戦は有事となり、現在も、日本中のあらゆる場所で硝煙が燻《くすぶ》っている。田中康夫長野県知事（当時）が平成十五年（二〇〇三）二月に、記者会見で家族会・救う会を批判したのもその一つの表れだ。蓮池透氏を「新しい歴史教科書をつくる会」の幹部だと決め付け、事実無根の前提に基づき彼らの方針を批判した。蓮池氏がたとえ「つくる会」の幹部だとしても、貶《おとし》められるものは何もない。拉致被害者救出活動の強力な同心円である「つくる会」と「救う会」との分断を狙った卑怯な攻撃には、蓮池氏も断固とした姿勢で立ち向かうべきである。

家族会・救う会の結成以来、救出活動をリードしてきた佐藤勝巳救う会会長（当時）はこう言い切る。

「まず、メディアに言いたいのは、北朝鮮を勉強してくださいということです。真面目に取り組んでいるとは言い難い状況です。勉強した後なら報道していいけれど、そうでないから困ってしまう。結果的に誤った情報が増えてしまい日本に不利益な方向に向かってしまう。

いま振り返ると平成十四年（二〇〇二）の九月十七日から十月十五日までの報道は異常だったと思います。あのとき、なんでいままで書かなかったのかと知り合いの新聞記者に聞いたら、相手が拉致を認める前は書けなかったと言う。朝鮮総連や外部だけでなく内部からも攻撃されただろうと言うんですね。相手が認めた後は安全なんだろうけど、結局、メディアは九・一七以前も以降も身の安全しか考えていないんですよ」

自分の身を安全な場所に置く報道しかできないのは、〈平和幻想〉に依存したいからである。そんなメディアは有事の際に敵に攻略され、プロパガンダとしてしか機能しない。

平成十五年（二〇〇三）五月二十日、アメリカ上院で北朝鮮の麻薬密輸と兵器輸出に関する公聴会が開催され、米政府高官や亡命した元北朝鮮高官らが証言した。

弾道ミサイル開発に携わった元北朝鮮技師は、ミサイル部品が朝鮮総連を通じ日朝間の定期貨客船だった万景峰号によって三カ月ごとに運ばれていて「北朝鮮のミサイル部品の九〇％は日本からの輸入である」と言い、別の証人は、「北朝鮮は国ぐるみで麻薬密輸にかかわっている」と証言した。日本でも知られている事実であるが、アメリカ政府上院の公聴会での証言は改めて大きな意味を持つ。やがてそれらの証言が平成十六年（二〇〇四）十月十八日にアメリカで成立した「北朝鮮人権法」にも繋がっていったのだ。日本では三日後の二十一日に報道されたのだが、また、筑紫哲也氏と『ＮＥＷＳ23』はこの報道を完全に黙殺してしまった。

「全体主義体制と戦うときメディアに必要なのは、国民、政府と堅い信念で結ばれることです。これからも北朝鮮にはいろいろな揺さぶりをかけますよ。いまもアメリカのハドソン研究所に協力してもらって北朝鮮の高官を亡命させせています」

と力強く言ったフォラツェン氏の言葉が耳に残る。

我が国のメディアにいま求められているのは、国内外の敵からのさまざまな揺さぶりを撥ね返す日本としての確固たる姿勢と、日本人のメディアとしてのアイデンティティに他ならない。なぜ、拉致被害者救出キャンペーンのようなストレートな訴えができないのであろうか。〈去勢〉された国の〈去勢〉されたメディアをいつ脱することができるのだろうか。

註

1　**完パケ**　完全パッケージの略。テレビ、映画、ＣＤなどのソフトを制作の際に、すべてのコンテンツが完成した状態を指す。レコード会社は完パケをＣＤにプレスするだけで製品になる。あるいは、テレビ局が完パケのテープを放送するだけで番組が成立する。（例）完パケでテレビ局に納品する。

第五章

北朝鮮を崩壊させる法、あります

私はこの体制を表現するのに最も相応しい名前を知っている。グロテスクな残虐さで血みどろになった、あのユビュ王だ。

（ピエール・リグロ）

北の同胞は韓国にとり兄弟であるはずなのに、国境を越え人身売買の犠牲にすらなっているのが現実だ。私たちはこのような事態をいつまで世界に見せ続けなくてはならないのだろうか。

（姜哲煥）

日本の国益に沿う脱北者支援の道を探れ

拉致問題に関心を持ち、北朝鮮の歪《ゆが》んだスターリニズム体制を批判する日本人の間でも、脱北者への関心はさほど大きくない。しかも、救う会・家族会をサポートするための情報交換がもっとも盛んなネット上でも、脱北者には批判の声さえ寄せられている。

北朝鮮亡命者が日本に理不尽な要求を行うのではないかという危惧《きぐ》も多く、脱北者への無関心は、やがて現れるであろう大量の難民への拒否感とともに、日本人にとって構造的・歴史的なバリアーにまでなってしまったのだ。

おそらくその大きな原因には、在日韓国人、朝鮮人が本国の反日政策に呼応し、日本で反体制的な活動を繰り広げ、権利拡張運動のみが報道されてきたという背景がある。

また、在日コリアンが〈共生〉という言葉を使うときも、ほとんどそれは〈差別される側の論理〉としてのテクニカルタームになってきたという倒錯した現実がある。

実際、日本定住にかかわる義務を無視し、一方的に日本への謝罪・賠償と権利拡張を主張する〈在日〉というイメージは、とくに二〇〇二年日韓ワールドカップ以降、韓国で噴出した特異なナショナリズムと相まって、少なからぬ日本人にとって苛立ちの原因になってきたのだ。

しかし、崩壊する政権は、断末魔の叫びとして、大量の亡命者を発生させるという歴史的法則を忘れてはならない。拉致問題の解決を願い、北朝鮮政権の打倒を目指す日本人ならば、少なくともいま以上の関心を、脱北者と北朝鮮の人権問題へ寄せるべきである。亡命者が増えれば増えるほど、金正日体制の崩壊が近づくことはあっても、遠ざかることは絶対にないからだ。

しかも、地球上最後と言っていい、陰惨で残虐な強制収容所の実態が明らかになっているのだから、人道上という見地からはもちろんだが、北朝鮮の強制収容所を消滅させることが日本の国益に繋がるという側面も看過してはならない。いや、言い換えれば、日本の国益に沿うような脱北者支援、強制収容所廃絶の道を探るべきなのである。

というのも、そうしなければ、日本人の立場を無視した脱北者支援のみが主流になり、ますます日本は、北朝鮮問題の主導権を国際的に保持できなくなってしまうからだ。拉致問題解決のためにも、北朝鮮へのあらゆる方向からの、多種多様な圧力が必要なのである。残虐な独裁者、金正日が死亡した今こそそれがますます重要となった。

脱北者・姜哲煥氏の証言

東海道新幹線や首都高速の工事が急ピッチで進められていた、昭和三十八年（一九六三）。翌年の東京オリンピック開催のため、日本中が一種のトランス状態に包まれ、高度成長の絶頂期に突き進んでいた。

だが、その陰で在日朝鮮人が多く生活していた千葉県海上町《うなかみまち》で十七歳の加瀬テル子さんが前年に拉致され、この年も寺越武志さんが叔父二人と能登沖で操業中、北朝鮮に拉致されていたのだ。

前年大ヒットした映画、『キューポラのある街』がブルーリボン作品賞、一九六三年キネマ旬報ベストテン第二位に輝き、吉永小百合もブルーリボン女優賞を受賞し、女優としての地位を不動のものにしていた。

『キューポラのある街』は埼玉県川口市が舞台で、北朝鮮へ帰還する在日朝鮮人家族に重要な役割が与えられており、当時、どれだけの熱気で左翼勢力のキャンペーンとして帰還事業が行われていたのかを窺《うかが》い知る、貴重なフィルムとなった。

朝鮮総連京都支部の幹部だった姜泰林《カンテヒュ》氏が家族で北朝鮮へ向かったのは、まさに、そんな昭和三十八年だったのだ。日本共産党員だった妻は積極的に朝鮮総連の政治活動に従事し、彼女の強い意向が姜一家の運命を決めた。

姜哲煥《カンチョルファン》氏は、姜泰林氏の孫として、一家が入国してから五年後の一九六八年に平壌で生まれた。しかし、一九七七年九歳のとき、祖父が勤務先から国家安全保衛部（秘密警察）に連行され行方不明となり、数週間後には祖母、両親、妹、叔父とともに、一族もろとも強制収容所に収容された。

十年後に一家は釈放されたものの、祖父の生死は不明であり、十九歳になっていた姜哲煥氏は北朝鮮からの脱出を決意し、ついに一九九二年、支那経由で韓国への亡命に成功したのだ。

亡命に成功した姜哲煥氏は、韓国で北朝鮮の強制収容所の実態を暴いてきた。そこでは、スターリンやヒトラーの強制収容所の内実が明かされたいまにあって、それを遥かに上回る想像もできない地獄絵図が繰り広げられているのである。栄養失調で子供並みの身長しかない収容所育ちの囚人、密告が渦巻く中での公開処刑、強姦と暴行が日常の保衛員たち……。

人類最後の収容所国家、北朝鮮に怒りを込め、狂った惨状を世界に告発するために、姜哲煥氏は、韓国で生きようと思った。

三十二歳を迎えた二〇〇〇年、有力紙『朝鮮日報』の記者となり、おもに北朝鮮関連の記事を執筆しているが、二〇〇三年六月には「北朝鮮民主化のための政治犯収容所解体運動本部」を設立、フランス、アメリカの支援者とともに、北朝鮮の強制収容所撤廃のために立ち上がったのである。

「自由」への脱出と「自由の責任」

韓国へ亡命して十一年が経過したが、彼にとっての自由社会とは何だったのであろうか？

「初めは、韓国へ来てから社会に適応できなかったので、ソウルでの生活がいいのか悪いのかすらも分からなかったですね。食べられて生きていけるのはいいんですけど、資本主義というのは競争が厳《きび》しくて、それに参りました。

亡命当時はストレスという言葉の意味が何なのか知らなかったんですけれど、いまようやく分かるようになりました（笑）。

韓国へ来た頃は新聞記者になろうとは思わなかったし、資質があるとも思っていませんでした。でも、北朝鮮に関しては、実際に体験しているので他の人よりはよく知っているし、本質を理解しているので、北朝鮮関連の記事を書いていこうと思いました。北朝鮮の実態を告発し、真実を訴えなければと思ったわけです。

現在、『朝鮮日報』編集部の北朝鮮研究セクション、『統一韓国問題研究所』という部署に所属しています。記者は三名います。他の記者は四十代、五十代のベテラン記者で、北朝鮮問題専門家もいます」

韓国亡命後、新しい世界への戸惑いや拒否感もあったはずだが、彼の心を衝き動かしたのは、何よりも北朝鮮の実態を同じ民族である韓国人に知らせたいという使命感だった。

――姜さんの収容所体験は、ちょうど人間が成長していく九歳から十九歳までの時期であり、人間としてあらゆるものを一番学ぶときで、社会や他者、友人とのコミュニケーションを形成していく、もっとも重要な時期に収容所に入っていたわけですね。

「収容所の中にも子供は多かったし、学校もあって友達もいました。収容所の中でそういった他人や大人との関係を学びました」

――たぶん、普通の社会の中での友情や人との繋《つな》がりとは比較にならないほど結びつきは強かったのではないのですか。

「そうですね。北朝鮮は体制が違いますけど、後進国なので、まだ人には素朴さが残されています。そういう意味では、逆に、資本主義社会で人間関係の深い結びつきを作るのは難しいような気がします」

――たとえば、自由という言葉がありますが、普通に考えると北の社会にいるよりも南の社会の方が自由が多いわけだし、一人ひとりに与えられている自由があると思うんですが、韓国のほうがかえって北朝鮮にいたときより不自由に感じたことはありませんか。北にいて、自由を求めて脱出を考えていたときのほうが自由だと思ったことはないですか。

「韓国社会は自由が多いと言いますが、その自由は責任を負う自由です。仕事をしたくないときは、仕事をしなくてもいいのですが、それだと飢え死にしてしまう。北は、自由はなかったですが、六〇、七〇年代は配給制度も整っていたし、少し生活が良かった頃は、働かなくても飢え死にすることはなかった。何も考えなければ生きていけたんです。政権について批判したり、深く考えたりしなければ、ストレスもなく暮らしていけましたから。

自由というのは、北では、『自由主義』という言葉があって、否定的な意味です。好き勝手にやったり、組織から逸脱したり、個人的な生活をすることを意味する言葉で、悪い意味です。規律違反という意味もありますね」

――韓国では、仕事をしたくなければしない自由はあるけど、飢え死にしてしまうという状況は、姜さんにとって本当に驚きだったと思うんですが……。

「とても驚きました。韓国に来て間もない頃、ある記者が私を取材したときに、資本主義とは、『泳がなければ溺《おぼ》れてしまう』と言われたのですが、最初は何を言っているのか理解できなかったんですね。

資本主義の中で仕事をしてみると、北の立場で考えると職場のシステムは本当に自由がないと感じます（笑）。北では政治的責任者がいて、政治的な意味で絶対的に服従さえしていれば、仕事に関しては厳しくなかった。一般労働者の間では、上官の指示は絶対的ではなかったので、喧嘩もでき、サボることもできました。金日成、金正日政権さえ刺激しなければ『自由』にやっていけます。南のように上司が指示をして、それに従うという点では、北より厳しいような気がします」

ラジオを聴く北の人々

彼は平成十五年（二〇〇三）九月六日に東京で支援者と集会を開き、翌日には朝鮮総連に赴《おもむ》き、北朝鮮の圧制を支え、出先機関となっている朝鮮総連に抗議を行った。

――東京での集会とデモが終わった感想と成果を聞かせてください。

「個人的な意見ですが、総連の人たちもいまや総連が悪いことは知っているはずで、私たちも総連全部に対して抗議しているわけではなく、金正日に盲従していく内に道を誤ってしまった一部の総連の指導者に抗議しているわけです。下にいる人たちは、純粋で苦労している人もいると思う」

――成果はあったんですか。

「総連の中でも、まだ北の実態を知らなかった人たち、知ろうとしなかった人たちにも、ああやって収容所廃絶を訴えることによって、考えざるを得ない状況を作ったと思っています。その点では成功したと思いたいです」

――収容所から釈放され、二十四歳で北朝鮮から脱出するまでの五年間、外国のラジオを聴いていて、それが手がかりになって脱北への希望になったということですが、いまでも韓国の放送とか『ボイス・オブ・アメリカ』とか聴いている人がいるんですか。普通の人が聴ける環境にあるんでしょうか。

「一九九四年に金日成が死んだ後、北も大きく変わりました。あのときに飢え死にした人が多く、国民の意識が変わったんです。だから、九〇年代になって大きく変わったと言っていい。外部の世界への関心も高まって、外国の情報が一番入るのがラジオだったわけです。

いまでは、私の亡命前よりも、もっと多くの人が聴いているでしょう。統制社会であってもCDまで出回り、中国製のラジオ製品が安くなって多くの人がラジオを持てるようになったんです」

――いまでもそういう状況は続いているんですね。

「そうですね。中国国境へ行けば、北朝鮮の人と商売をしている多くの人が行ったり来たりしていますから、彼らに接する人たちは、みんなラジオを聴いています。DVDが出てビデオも安くなって北に入りやすくなりました。

ビデオで韓国映画、米国映画も見ていて『タイタニック』もみんな知っています。『冬のソナタ』も『ターミネーター』『007』もみんな知っているんです（笑）。ポルノまで入ってきて、ポルノは見つかれば無条件に死刑で、それは中国でも同じ状況だけど、みんな見てますよ。

闇市場では、一般ビデオは十ドル程度だけど、ポルノは百ドル。北では、一ドルが千ウォンだから、ポルノは、一万ウォンになる。一般労働者の月給が二千五百ウォンから三千ウォンなので、ポルノがどれだけ高いか。普通の人は、絶対に見られませんが」

――八月に、大邱《テグ》市のユニバーシアードの会場で、ノルベルト・フォラツェン医師が北朝鮮の諜報員ともみ合いになりました。あの前日に彼は北朝鮮にラジオを風船で飛ばそうとして韓国の警察に捕まりましたが、姜さんは、どんな感想を持っていますか。

「ラジオを送ること自体には反対ではないですが、あの方法で効果があるかどうかについては疑問です。ラジオを送るのがマスコミ向けのパフォーマンスなのか、本当に送りたいと思ってやっているのか不明です。ただ、あんな方法で内外に公表して行えば、北が何か対抗措置をするのが普通です。本当に送ろうと思うなら、こっそりやるか、中国国境にでも行って、無料で多くの人に手渡せばいいと思うんですよ。

金大中政権以前の話ですが、昔、韓国から気球を飛ばしたことがあって。風速などをすべて測定して気球を使って飛ばして、あるところまでいくと、破裂させて物資を支給したことがあったんです」

——ただ、フォラツェン医師の場合は、世界中にそういう情報を伝えようという、パブリシティー的な意図だったと思うのですが。

「ああいう方法は、そういう意味では効果的でメリットもありますが、戦略的に考えると疑問に思います。北に不利な戦略ということであれば、北には分からないうちに物事を進めなければいけません。公表して行うことはマイナス面もあるんです。

太陽政策という言葉自体もおかしな話で、太陽政策は服を脱がすという話だけど、それを公言してしまえば、金正日がそういう政策を知った上で、果たして服を脱ぐでしょうか。本当に太陽政策をやりたいなら、太陽政策と宣言しないでやればいいんです」

食糧と情報への強い渇望

姜氏の話によれば、想像以上に北朝鮮に外国の〈情報〉が流入している。二十一世紀の収容所国家の飢餓は、食糧と同等に〈情報〉への強い渇望がある。つまり、〈情報〉支援も圧政に苦しむ人々と体制崩壊にきわめて有効なのだ。

「ニュースは、ラジオから聴いています。一九九七年に、韓国のＫＢＳ（韓国放送公社）に社会教育放送という番組があって、北批判とか金正日政権の批判をやっていて北朝鮮ですごい人気があったんです（笑）。ところが一九九八年になってから太陽政策で北批判をやらなくなって、つまらなくなってしまった。

北の人たちもKBSを聞かなくなって、RFA（北朝鮮自由アジア放送）という、脱北者の話や金正日批判をやっている別の放送を聞くようになったんです。おそらくそういった放送の電波は、ロシア側に基地があって、そちらから入ってきていたと思います」

――つまり、太陽政策によって北朝鮮の人々の楽しみが減っちゃったんですね。

「太陽政策のため、ストレスを受けているでしょうね（笑）。北の人々は、金大中さんを悪く言っている。なぜ、どうしようもない北を助けるのかって」

――二〇〇二年の大統領選挙で盧武鉉《ノムヒョン》さんが大統領になりましたけど、ますますストレスは高まっているのでしょうか。

「太陽政策の継続と言われていますが、いまはあまり北を支援しているとは思えません。金大中さんのときとは違って米国の対北強硬政策もありますから、状況は少し違います」

――そうすると、かなり細かい部分まで北の人たちは、情報を入手できる状況にあるんですか。

「たくさん知っています。ほとんど知っているのではないでしょうか。中国経由でも情報がどんどん入ってきますから」

――いま、韓国の中で北を解放しよう、北を助けようという関心があまり高くない。姜さん自身実感しているとおもいますが、どこに理由があると思いますか。

「韓国内の問題は、若い年齢層や学生運動をしている人たちが、闇雲に北の良いところだけを見ようとしていることです。これは、いまの政権もそうですが、過去の政府にも責任があると思います。

韓国政府が北朝鮮問題を民主化を弾圧する政治的カードとして利用したので、学生たちは韓国政府のメッセージを信じない傾向があります。過去の反共政策は必然的なものだったのに、当時の政権の矛盾や腐敗を隠すためにも使われたので、北朝鮮批判が韓国の民主化を妨げたものと誤解されてしまうのです。だから、我々が伝える話も国家安全企画部（現・国家情報院）に言わされているだけだと思って信じない傾向がある。

韓国内では、むしろ被害者は脱北者でなく、北朝鮮の人々になる。韓国の親北朝鮮的な状況によって、韓国人の脱北者への扱いが変わっていくんです。脱北者も、北朝鮮の人も同じ被害者なんですが……」

――それが、運動が広がっていかない一番の理由だと思いますか。

「若い韓国人と北の話をしていると、突然、金正日よりも米国が憎い、反米だと言い出すのでまったく理解できません。本来なら、反米になるのは日本のはずですよね。

広島、長崎に原爆を落とされたんですから。

韓国の人たちは、米国の保護によって朝鮮戦争の危機も生き延びられたのに、なんで憎いのか分からない。もちろん、米国がすべて正しいとは思いませんが、金正日政権の対南工作で米軍撤退運動などの反米感情が、何も知らない若者たちに浸透してしまって、何の理由もなく、そういう反米感情ができてしまったんです」

——光州事件に代表される八〇年代の学生運動や、去年からの反米ムードは、北の対南工作による成果だと思いますか。

「そうでしょう。具体的に言うと、八〇年代の大学は、ほとんど親金日成、親北朝鮮ムードで、私が大学に行った一九九三年当時でも、北朝鮮賛美一色でした。

いま、米国が嫌いな理由を尋ねると、米国が覇権主義だとか世界を思うままに動かしているとかと言う。韓国に対して米国が何か悪いことをしましたか。もちろん、米軍兵士が強姦事件を起こしたり、女子中学生を事故死させたりしましたが、日本でも同じようなこともあったわけで、朝鮮戦争時に米国に助けられた韓国が、なぜ反米になるのか理解できないですね」

北の国境警備兵はアメリカの攻撃を待っている

太陽政策の北朝鮮での実態を明かしてくれた彼は、日本人拉致問題にも踏み込んでくれた。日本対朝鮮半島の問題への重要な示唆を与えてくれた。

「それと、本当に驚いたのは、韓国の反日感情です。北朝鮮より反日感情がひどいですよ。北は政権はもちろん反日と言っていますが、金日成政権はパルチザン(註1)でスローガンとして『反日』を使っていただけで、韓国ほど反日の人はいないんです。

反米感情も、北朝鮮ではないと言ってもいいです。先日、中国国境にいる北朝鮮側の警備隊の小隊長に会っていろいろ話を訊いたのですが、彼は、米国が早く来てイラクのように北朝鮮を崩壊させて、金正日政権を倒してほしいとはっきり言っていました。実際、東ヨーロッパは崩壊した後は親米になっているので、北の情緒も親米に変化するのではないかと思っています。

日本のことも好きになるかもしれません。もともと、日本人に対して庶民レベルでは大した反感などないんです。みんなが日本製品を使いたがっているのも、現実には日本に憧れというか幻想を持っているからなんです。だから、日本も拉致問題ばかりで押していくと、北の国民の態度が硬化してしまう可能性もあるので、米国のように人権問題から北朝鮮への圧力を広げていくようにすると、また、北の態度が変わってくると思います」

――拉致問題を解決しようとしている人たちも金正日政権が倒れなければ本当の解決はないと思っているので、北の二千万人の国民を助けることとイコールだというように考えられるのですが……。

「金正日政権が存在している限り、すべての問題は解決できないのは当然だと思いますが、もし、金正日政権に根本的変化をさせるような動きがあったとしたら、それなりに人権問題も必要だと思います。ただ、いままでそういう可能性もなかったし、希望も少ないんですが、万が一、想像を超越するような変化が起き、中国の鄧小平復活のような事件があったら、そのときはそれなりに期待できるのではないのでしょうか」

金正日政権打倒の有効策は一に情報、二に中国

——金正日政権を倒す方法はいくつかあるかと思いますが、黄長燁《ファンジャンヨプ》さんが二〇〇三年十月二十八日に訪米し、戦争をしないで北朝鮮を民主化する方法を説明しに行くとおっしゃっていますが、それに対してどうお考えですか。そういった戦略が有効かどうか……。

「基本的には同意しています。金正日政権に対しては圧力を強く与えたり、変化があれば助けたりとあらゆる方法を使い分けて対処し、中国政府を説得して脱北者を保護していけば、いつかは武力なしでも崩壊させる可能性があるかと思います。

最近の人民軍の話ですが、経済難のため、軍が貯蔵している大砲や自動車も無用の長物になったと聞いています。老朽化してしまうので部品を代えないといけないので

すが、七〇年代、八〇年代に作ってから一度も使わず部品も代えずにいるので、軍用車両もバッテリーが上がってしまったと聞いています。それくらい北の軍事が崩壊しているという話です。

このままの状態でいけば、金正日政権の戦力は消滅していくと思います。使えるのは小銃だけですから、あれだけの軍事独裁国家が衰退しているんです。核開発を持ち出すのも、金正日政権が危機に追いつめられていて、自分たちの体制を最小限防御するため、核開発をアピールするしか方法がないからなんです」

――核以外にもＢＣ兵器（生物化学兵器）は脅威だと思いますが。

「ＢＣ兵器を北は大量に保持しているので、それが一番怖い。一番警戒しなくてはならないし、北が挑発してくるときにはＢＣ兵器で攻撃してくるわけだから、まずそれを防がないといけないですね。日本もその辺は十分想定する必要があります」

――黄さんが言っているように、具体的に戦争をしないで北の政権を倒せる可能性はどのくらいあると思いますか。

「イラクはイスラム教で、フセインもそれを利用したところもあったので、米国式に変えにくいところもありますが、北の場合は、金日成、金正日を神として作り出した虚像なわけですから、それを破壊してしまえばいいんです。捏造された金日成神話を崩せばいいんです。

ラジオを送ったり、世界情勢や人権の問題を知らせたりして、北の市民たちの意識が変われば、核ミサイルよりも強い精神武装になるわけで、そのとき、北は半分は崩壊したと言えます。

二番目に重要なのは、中国を変化させる方法です。中国が脱北者を百万人受け入れるように米国と協力してその態勢を整えられれば、その時点で北は崩壊します」

ここで彼が述べてくれたことはきわめて重要だ。日本から北への圧力には、経済制裁や武力制裁だけでなく、国連や日米交渉、あるいは六カ国協議という国際舞台で、高らかに北朝鮮国内の人権問題を訴えることも含まれるということだ。

つまり、強制収容所を含めた北朝鮮国内の人権問題への言及は、金正日政権への強力な揺さぶりとなり、同時に、北朝鮮国民への強力な、しかも友好的なメッセージにもなるのである。

イングランド・ワールドカップの英雄もゴキブリを食べた

強制収容所で九年間彼が見続けたものは、人間の尊厳という言葉すら存在し得ない、極北の世界だ。集団生活ができる区域でも、鼠《ねずみ》の肉が最良の栄養源となる現実があった。実際、鼠やミミズこそ収容所で生き延びる「天の恵みだった」と彼は言う。

収容所内に山の斜面の一区画だけ収穫の良いトウモロコシ畑があったのだが、そこは処刑や病死で埋葬された囚人を掘り起こし、耕した場所だったのだ。保衛員が地ならしをしている光景を目撃したとき、彼の友人は悪臭で嘔吐したという。

　また、それがたとえ保衛員の言い掛かりだったとしても、何かの罪に問われて、罰として入れられる独監房では、百足《むかで》、ゴキブリのみが生存の唯一の手掛かりなのだ。

　実際、彼が収容所で会った朴承振《パクスンジン》氏は一九六六年イングランド・ワールドカップでベスト8になった北朝鮮代表チームの英雄で、独監房から出て来られた有名人だったのだが、彼には「ゴキブリ」という渾名《あだな》が付けられていた。

　脱走を試みた囚人は、例外なく公開処刑に処せられる。独監房でこれ以上痩せられないと思われる以上痩せた囚人が、最後に金正日への批判を叫ばないよう口に石を詰められ、処刑場で銃殺される。

　やがて、銃殺は絞首刑となり、集められた二、三千人の収容者が「人民の裏切り者は出て行け！」と叫ばされながら、順番に遺体が完全に変形するまで石を投げさせられるのだ。

「こんな現実を世界にいつか知らせたい」という一念のみで姜哲煥氏は生き抜いてきた。

闇経済で自立した国民、外部の援助に頼る金正日

――実際、北の内部からの変革で、北の政権を倒せる可能性はあるんでしょうか。

「すでに、一九九八年には、北は事実上崩壊していたんです。なぜ、北が南からコメ支援を受けたか、それは昔は想像できなかったことなんです。南のコメをもらって食べたということは、降伏したことと同じ意味です。

あのときにもう少し韓国がプッシュしていたら、北は崩壊していたと思っています。当時、生き延びた北の人々はみんなそう言っていました。『あのとき、助けなかったら北は崩壊していた』と。

北は配給制で統制されています。その配給が完全に崩壊して、コメをもらえなくなったから、三百万人もの人が飢え死にしたんです。これは、人口から言えば、国民の誰でも親戚の一人が飢え死にしたという計算になります。飢え死にした家族を持つ人たちは、金正日政権を恨んだ。人民を守る軍民、安全部、保衛部、警察にまでも配給がいかなくなって統制がきかなくなり、国家安全保衛部への配給も止まってしまって、社会は麻痺《まひ》したんです。

旅行証も発行できなくなり、列車に人が群がって修羅場になった。あのときに金正日政権を助けないで、そのままにしていたら崩壊していたのに、余計な援助をしたか

ら、延命させてしまった。

　あのとき、士官学校の生徒たちも配給がなくなって、飢えてしまい、鉄棒にぶらさがることもできなくなったそうです。それに、三十八度線にいる人民警備、つまり特殊部隊にまでも配給がいかなくなったわけですから、完全に北の社会が麻痺したんです」

　――一九九四年当時、世界の北朝鮮研究家たちは、あと三、四年したら、北の政権は崩壊すると予想していましたが、まさに正解でしたね。

「そのとおりですね。それを救ってしまったのが金大中という人間なんですよ。あれから配給がなくなって、いまや闇商売を奨励し、認めざるを得ない状態になってしまいました。最低限、配給してもらっているのは、軍隊だけです。

　北でなぜコメができないのかというと、農業ができないからです。北の国土は、自分の土地でなければ借りることもできないまま、耕されることもなく五十年もたってしまい、結局、肥沃《ひよく》な土地はなくなり、農業もできない土地になってしまった。収穫される数少ない農作物すら盗まれてしまう状態になっている。もう、国家からの保障はほとんどないといっていいわけで、北の一般の人々は、盗んで食べたり売ったりする、闇商売をやるように適応できてしまった。

　国家は、外部に依存するしかなく、外部から来たものは中枢機関の人たちが掠《かす》め取ってしまいます。北の人口二千万人に対して、百万人もの軍人に食糧をやるのがどれだけ大変なことか。結局、おかずがないのでコメしか与えることしかできなくて、だから、コメをものすごく食べると聞いています。

昔は、外部からの援助がないと人民に食糧が行かないと言われていましたが、いまは違う。いまや人民は闇経済で自立してしまっていて、現実に外部からの援助がなくなったら、北の権力は崩壊すると思う。だから、金正日が核を誇示して支援を求めているわけです。

でも、長く続けられるわけはないし、核を放棄せざるを得なくなり、崩壊するのではないでしょうか。北が毎日毎日、核武装の脅しを掛けていましたが、それだけ早く援助が欲しかったわけで、おそらく、米国は全部知っていたのではないでしょうか」

北の国民の金政権への報復が始まった

ここまでこう語ってくれた彼は、新事実を明かしてくれた。北朝鮮の伝えられないいまの変化、国民と政権側の、恐怖の応酬の実態に触れてくれたのだ。

「実際、北は変わったし、変わっているのは事実です。それに対して金大中政権は太陽政策のおかげだと嘯《うそぶ》いていましたが、ただ、北の人たちは飢えたから、生きていくための知恵で〈資本主義〉になっただけなんです。北の体制はいまのシステムにしがみつくしかないし、人民が変わっていくのを防ぐ力もないのに、人民はどんどん変わっていっている。現実に北の社会は変わって来ていて、これは崩壊の初期段階に来ていると認識しています」

――先ほど、盧武鉉大統領は金大中前大統領よりいいとおっしゃっていましたが、どういうところが具体的にいいのでしょうか。

「金大中政権は、金正日に対して何か弱みがあったのではないかという疑惑がありいます。一九七三年のＫＣＩＡによる日本からの拉致のときに、北朝鮮から賄賂《わいろ》をもらったとか、何か裏があるのではないでしょうか。

なぜ、金大中政権は、金正日政権の要求通りに動き、五億ドルの大金を裏金として渡し、金正日批判を一度もしなかったのか。そういう意味で、盧武鉉大統領は金大中前大統領に比べて、金正日政権に対して自由ではないかということです。

いまは、北の現状をあまりよく知らないので、太陽政策をそのまま継続していますが、そのうち実態を把握するようになったら、いままでの金大中政権のように盲従するようなことはないと思っています」

――北の人民は情報も入り変化して来たということですが、脱北が見つかれば強制送還されるし、強制収容所に送られるわけです。そういう恐怖は依然として立ちはだかっているわけですね。

「恐怖は確かにあります。その恐怖は一方的に一般国民が受けてきたものでした。しかし、最近は、人民が権力に反抗を始めたんです。捕らえられた人は、保衛部で拷問を受けますが、そういう人たちが、釈放された後に報復を始めたことが明らかになって来ました。

保衛部員に報復して捕まってしまうと殺されるのは確実ですから、報復行為は、保衛部員を惨《むご》たらしく切り刻んでしまったりするそうです。脱北は刑法四十七条の国家反逆罪になるので監獄を出るときに、指紋押捺と宣誓書を書くのですが、そこに一つ、『監獄を出ても決して報復しません』という条項が、一九九八年から加わったのが、何よりも国民が報復をしているという証拠です。

また、脱北して大使館で捕まって送還されると、明らかに韓国行き、日本行きを企てた国家反逆罪ということで収容所に送られますが、そうではなく、ただ食糧を求めて中国に行った人たちも大量に強制送還されています。でも、そういう人があまりにも多くて収容所に収容し切れなくなっています。

そういう話が噂になって、北の社会に浸透していき、政治犯でない限り、殴られたり説教されるだけで出て来られるので、中国でのおいしい体験が忘れられなくて、脱北が繰り返され、それが北の体制を瓦解《がかい》させる大きな力になっていくのは確かです」

——ロシアや中国に百万人規模の難民収容所ができて、日本が完全な経済制裁をすれば、すぐにも崩壊するのでしょうか。

「いまも北を助けているのは、中国と日本ですが、完全に遮断《しゃだん》するのは得策ではないと思います。状況によって圧力と対話を使い分けていくのがいいと思います」

——二〇〇三年九月三日に、中国、北朝鮮国境に中国正規軍が十五万人規模で移動しました。

「あるメディアでその中国軍の移動は脱北者を防ぐためと言っている人がいましたが、まったく状況を知らない人が書いたことです。脱北者を防ぐのなら、北朝鮮軍がその気になれば防げるわけです。中国がそういう動きに出たのは、軍事訓練の当然な行動の一つと考えられますが、金正日政権が核を外交カードから捨てないことへの警告ではないでしょうか。金正日政権に対する一種の軍事的デモンストレーションで圧力だと思います」

——夢はありますか。

「朝鮮半島が統一したら、北朝鮮に行って、北朝鮮の人々が資本主義に早く慣れるように手助けしたいと思っています」

アメリカで成立した「北朝鮮人権法案」

北朝鮮からの亡命者は、韓国内で三千五百人、中国内の脱北者は二十万〜三十万人と言われている。

五カ所の強制収容所では、現在も二十万〜三十万人の北朝鮮国民が、地獄の底で奴隷以下の虐《しいた》げられた生活を強いられている。

平成十五年（二〇〇三）九月八日、日本を訪れていた姜哲煥氏は、他の脱北者十六名とともに朝鮮総連の責任を追及するために、朝鮮総連本部前で抗議行動を行い、九月九日の建国記念日を前に記念式典を行っていた東京都北区の朝鮮学校前でも抗議行動を行った。

朝鮮総連は、この抗議行動について「コメントする価値のない問題である」と述べただけだった。

二〇〇四年四月下旬、姜哲煥氏はワシントンにいた。アメリカ外交委員会アジア太平洋小委員会委員長のブラウンバック上院議員が進める「北朝鮮人権法案」のキャンペーンとして行われた、「北朝鮮自由化デー」に参加するためだった。彼はすぐ韓国へ戻ったが、一緒に参加していた脱北者のＮＧＯメンバーは、日本に立ち寄り、東京で講演を行った。

「北朝鮮人権法案」は、日本人拉致問題の解決を含む、北朝鮮の人権状況が改善しない限り、人道支援以外の対北朝鮮援助を禁じる法律で、北朝鮮と人権問題を協議する大統領特使を新設することも定められている。

この法律の最大の特徴は、脱北者を難民として積極的に支援する規定がある。脱北者を難民認定しない中国への圧力にもなっているのだ。脱北者の国連難民高等弁務官との面会も規定されている。つまり、国際的な難民認定により、脱北者を加速度的に増やす法律でもある。

ブラウンバック上院議員は、これまで訪米した家族会のメンバーとも面会をしていたし、救う会・家族会の集会には必ずメッセージを寄せている。日本人の拉致被害者家族も、姜哲煥氏をはじめとする韓国在住の脱北者ＮＧＯたちも、「北朝鮮人権法案」の成立を待ち望んでいた。

そして、ついに二〇〇四年十月十八日、すでに上下院を全会一致で通過していた「北朝鮮人権法案」にブッシュ大統領が署名し、この法案が成立したのだ。

北朝鮮はただちに反応し、体制転覆を目指すものとして非難声明を発表した。韓国の親北勢力もこれに同調し、民主労働党は「北朝鮮人権法」を「北朝鮮体制の瓦解が目的、北朝鮮を侵略するための法律である」とまるで北朝鮮労働党顔負けの声明を発表し、アメリカ大使館前で抗議運動まで行った。当時の与党ウリ党も、「北朝鮮の開放を強要するため宣伝を強化して脱北を促すことは、韓国の南北交流協力政策に一致しない」と批判的なコメントを発表した。

これらの反応は、軸を失くした韓国が、現在、いかに北朝鮮に侵食されているかを物語っている。

だが、早速、モンゴル内に百万人規模の難民キャンプを建設しよう、というポジティブな動きの情報も耳に入り始めている。

夢はあるか、という質問に「朝鮮半島が統一したら、北朝鮮に行って、北朝鮮の人々が資本主義に早く慣れるように手助けしたいと思っています」と答えてくれた姜哲煥氏。彼の夢が、そして、日本人拉致被害者家族の夢が叶うのは、いつになるのだろうか。

註

1　パルチザン　ある党派・立場の支持・擁護者を意味するフランス語。軍事用語では正規軍に属さないである党派・理念のために自発的に戦う人々を指し、遊撃隊員、便衣隊員などを意味する。ゲリラ（スペイン語で小戦争の意味）とほぼ同義。

第六章

八月十五日、靖国参拝に雨が降る。

我々は、信仰の自由が完全に認められ、神道・仏教・キリスト教・ユダヤ教など、いかなる宗教を信仰するものであろうと、国家のために死んだ者は、すべて靖国神社にその霊を祀《まつ》られるようにすることを、進言するものである。

（日本駐在ローマ教皇庁代表・バチカン代理公使　イエズス会神父　ブルーノ・ビッター）


日本の斯《か》うして数千年の間、繁り栄えて来た根本の理由には、家の構造が確固であったといふことも、主要なる一つと認められて居る。さうしてその大切な基礎が信仰であったといふことを、私などは考へて居るのである。

少なくとも国の為に戦って死んだ若人だけは、何としても之を仏徒の謂《い》ふ無縁ぼとけの列に、疎外して置くわけには行くまいと思ふ。　（柳田国男）

日本人として、人間として、自然な感情の発露

前夜からの雨足がなお勢いを強め、平成十五年（二〇〇三）八月十五日の早朝には土砂降りの雨が靖国神社の大鳥居を叩いていた。

熱波による死者をフランスで五千人以上も出した世界的な異常気象から日本も例外ではなかった。八月下旬まで梅雨前線が日本列島に停滞した平成十五年の夏は、夏の実体がないまま、通り過ぎて行ったのだが、冷たい雨に打たれた終戦記念日の一日が何よりも現在の〈実体のない日本〉を象徴していた。

灼熱《しゃくねつ》の甲子園で聞く、正午の黙祷《もくとう》のサイレン。日本武道館の戦没者追悼式の、夥《おびただ》しい白菊と天皇の声。滴《したた》り落ちる汗を拭《ぬぐ》いながら、靖国神社の敷石を黙々と踏みしめる参拝者たち。そんな夏の風物詩が、いつからか終戦記念日が次元の違う政争の場に置かれることで散文的になり、変質してきたことへ、とどめを刺さんとばかりに天が降らせた雨だったのかもしれない。

おそらくこの日、靖国神社に参拝したほとんどの人が、口には出さなくとも同様のことを感じていたはずだ。戦没者、英霊の涙雨ではないか、と。

小泉首相が就任前に自民党総裁選で公約していた終戦記念日の靖国参拝は、就任以来、三度破られることになった。

しかし、一方的に小泉首相を公約破りと非難できないのは、昭和六十年（一九八五）以来十六年間、橋本龍太郎氏を除き現職の首相九人が、一度も靖国神社に足を踏み入れられなかったという異常事態に、少なくとも楔《くさび》を打ち込めたからである。

小泉首相は年に一回は靖国参拝を行っている。終戦記念日の参拝は果たしていないが、現職首相の靖国神社参拝は、そういう意味で中国の外交カードとして用いられてきた靖国参拝というカードを無力化する役割もあった。

また、日本の反日メディアと中国、韓国の連携が、誰にでも分かりやすく露呈するようになったので、反日コネクションが以前ほど使えなくなってきたという点も評価できる。首相が参拝を続けることで、これまで靖国に関心を持たなかった人にも靖国参拝の意味をアピールする効果もあるのだ。

平成十五年（二〇〇三）一月十四日、日ロ首脳会談を終え、ロシアから帰国した直後に突然小泉首相は靖国に姿を現した。唐突と当時のメディアは報じたが、なぜ、想像力を働かせなかったのであろうか。

小泉首相が帰国直前に日本政府が平成七年（一九九五）に建設したハバロフスクの「シベリア慰霊平和公苑」の「日本人死亡者慰霊碑」に参拝したことが大きなモチベーションになったのではないかと私は勝手に推測する。

零下二十度の厳冬下、小泉首相はコートを脱ぎ捨て慰霊碑に跪《ひざまず》き、極寒の地で命を落としたシベリア抑留者に涙したのだ。

帰国後、靖国へ彼を駆り立てたものは、日本人としての、人間としての、自然な感情の発露《はつろ》であろう。

英霊が日本に望んだこと

たとえ政治的な立場は異なっていても、戦没者の霊を慰め、追悼するという行為は、本来日本人として〈世俗的に〉共有されていたものであるはずだ。日本遺族会会長で元自民党幹事長の古賀誠氏は、奇《く》しくもこの年二月に父親が戦死したフィリピン、レイテ湾を訪れている。

「長い間、躊躇《ちゅうちょ》していました。野中（広務）さんに背中を押されて二人でレイテに行ったんです。息子も連れていきました。父が戦死してから六十年目の節目で。面白いことに、その地に立ったとき雨が急に降ってきた。慰霊碑から離れたら雨が止み、陽が射してきた。親父が涙して喜んだんだって思いました。

不思議ですよね。五十八回目の終戦記念日も同じように雨が降った。五十八年という歳月が経ち、戦後生まれが七割を占めるようになったいま、我々が辛うじて戦争を知っている最後の世代なので、どう戦争を伝えていくのか大切だと思いました」

古賀氏は靖国参拝を済ませた後、武道館で行われた戦没者追悼式に出席したが、それが彼の何年も変わらない〈この日〉のスケジュールとなっている。遺族会の会長には平成十四年（二〇〇二）に就任したが今後の問題点をこう続けてくれた。

「遺族会は戦死した方の未亡人が中心になって発足しました。現在、平均年齢が八十五歳になって過渡期を迎えています。遺児の世代が先代の考えをしっかりした理念と哲学で継承し、伝えていくことが今後の課題です。

英霊の顕彰、遺族の支援も大切ですが、我々が日本をどういう国にしていくかを考えなければならない。戦争を繰り返さないような国にするという使命感を持っているんです。遺児の会に出ると話題になるのは、散っていった英霊は、経済大国の日本より、日本人の心、日本のいいものを遺したかったんじゃないか、日本のあり方を訴えているんじゃないか、という話になるんです」

日本の左翼勢力の新たな仮面

終戦記念日の靖国神社が英霊の顕彰、追悼の〈聖地〉から手垢にまみれた政争の場に引きずり降ろされたのは、中曽根康弘首相が中国の抗議に屈して参拝を中止してからで、ほぼ平成という時代の流れの中にある。

正確には、昭和にも何回か政教分離問題で政治的な争点になったこともあるが、日本の〈世俗〉としての神社参拝が政教分離に反しないのは当然であり、硬直した政教分離論で靖国参拝を違憲とする考えは、最高裁の判例もあり、それほど問題視する必要はない。

しかし、結論から先に言えば、ソ連崩壊による共産主義の終焉が靖国を政治的なものにしてしまったのだ。ちょうど平成という時代が、国際共産主義の崩壊から始まっているという符合が重要なのである。

経済力を着実に付けてきた中国と一九九一年に国連加盟を果たした韓国が、靖国参拝を問題視して外交カードに使用してきた背景には、間違いなく日本の反日勢力の方針転換とリンクしていた。

共産主義の末路を目にした日本の左翼勢力が、時代遅れになった仮面を脱ぎ捨て、新たな〈反日主義〉ともいえる仮面を装着することによって、新しい政治的な争点を急拵《きゅうごしら》えしたのだ。

中国と韓国がその動きに呼応した結果、靖国神社は、従軍慰安婦、強制連行、教科書問題という捏造史観三点セットに、南京虐殺まで加えた外交カードに新たに挿入されたジョーカーになってしまった。そして、その動きを促進させたのが一部の日本メディアなのである。

『朝日新聞』とTBSは幼稚なカルト

平成十五年（二〇〇三）の終戦記念日の前日、『朝日新聞』夕刊に興味深い記事が掲載された。

「ナショナリズムを問い直す3　アメリカと深層心理」と題された寺島実郎氏（財団法人日本総合研究所理事長）の論文である。

「小泉政権がスタートし、首相が『八月十五日に靖国神社に参拝する』と語った時、米国の対日政策関係者に緊張が走ったという。『A級戦犯が合祀《ごうし》されていようが、首相として靖国を公式参拝する』ということは、論理的帰結としてサンフランシスコ講和条約で確認していたはずの東京裁判を否定する可能性を暗示するわけで、米国としては『本格的ナショナリズムに回帰した政権の登場か』との疑念が生じたのである」

とのっけから驚かせてくれた。

終戦記念日の靖国参拝は昭和五十年（一九七五）の三木武夫首相から昭和六十年（一九八五）の中曽根首相まで普通に行われていて、何をいまさら「米国の対日政策関係者に緊張が走った」と言うのだろうか。

戦犯が合祀された経緯は昭和二十八年（一九五三）まで遡《さかのぼ》る。すでに日本が主権を恢復した昭和二十七年（一九五二）に、連合国の軍事裁判で刑に処せられた者は国内法上の犯罪者として見なさないという法務省の見解が出され、翌二十八年には社会党の提案で〈戦犯〉処刑、獄死した者も対象とする遺族援護法の改正も行われ、ＢＣ級戦犯から靖国神社への合祀が始まったのは昭和三十四年（一九五九）である。

続いてＡ級戦犯の十四人は昭和五十三年（一九七八）に合祀された。Ａ級戦犯が合祀されてから初めて参拝したのは〝クリスチャンの〟大平首相だったが、昭和五十四年（一九七九）のことなのである。

寺島氏の論理ではこの時点で、日本は東京裁判を否定したということになる。果たして、アメリカは当時、どういう反応をしたのであろうか？　東京裁判をどう評価し、否定すべきかどうかは別問題としても、時間軸を無視した、余りに粗雑な論理である。

さらに寺島氏はこう筆を進める。

「『ぷちナショナリズム症候群』といわれ、昨年のサッカー・ワールドカップあたりから『ニッポン大好き』という若者の屈託のない自国愛の傾向が顕著になった。（中略）自らのアイデンティティー（帰属意識）を求める傾向は、空疎な国際化思想より評価できる。ただし、自らの民族・国を愛す気持ちは、国際社会を構成する様々な民族、国の存在への敬意へと広がりを見せなければならない。『開かれたナショナリズム』でなければならないのである。とりわけ、近隣諸国の理解を得られなければ、視野狭窄《きょうさく》の自己主張に終わる」

氏は、ワールドカップ開催から「若者」の「ニッポン大好き」が始まったと本気で思っているのであろうか？

ベルリンオリンピックの「前畑がんばれ」を知らないのか、とまで言わないが、敗戦直後の古橋廣之進の世界記録に熱狂した日本人も、東京五輪を開催、歓喜した日本人も、ヨーロッパのF1グランプリ開催のサーキットで八〇年代から日の丸を振るバックパッカーの日本人も、鈴鹿サーキットが日の丸で埋め尽くされた平成四年（一九九二）の日本グランプリも、知らないのだろう。

日本代表のサポーターが、誰に強制された訳でもなく、大きな日の丸に、あたかも戦時中同様の寄せ書きを始め、〈君が代〉を合唱し始めたのは平成五年（一九九三）のアメリカ・ワールドカップ予選からだ。

それらの歴史的事実も意図的に無視し、お粗末な文章を綴る氏は、昨年のワールドカップで日本人が見せた素朴なナショナリズムの自然な発露に恐れおののき、〈ぷちナショナリズム症候群〉という標語で必死に否定しようとしていた滑稽な人々の一人なのだろうか。

「自らの民族・国を愛す気持ち」が「様々な民族、国の存在への敬意へと広がりを見せなければならない」のは、まさに首相、閣僚の靖国参拝を低次元に非難する日本の〈近隣諸国〉なのである。それも韓国と中国だけであり台湾や東南アジア諸国は何も問題にしていない。

二〇〇二年ワールドカップで、日本から世界中に発信された情報でもっとも世界に衝撃を与えたのは、日本人があまりにも「開かれたナショナリズム」を持ちすぎていたことだ。

韓国の偏狭で愚直なナショナリズムと対照的だったので、いっそう印象深く世界中のスポーツファンの胸に刻まれているはずだ。

かくも幼稚な論文が臆面もなく紙面に掲載されるのは、メディアが靖国参拝、終戦記念日といった記号を扱うときに、メディア自身も幼稚になるからだ。

平成十五年（二〇〇三）の終戦記念日にTBSの『NEWS23』は筑紫哲也氏がオウム真理教や新興宗教の教祖のように見えるビジュアル空間に登場し、不気味な音楽とおどろおどろしいSE（効果音）を用いて、まるで〈筑紫教〉とでもいえるカルト番組を放送したのだが、さすが寺島氏がよく出演する番組である。

終戦記念日を挟んで『朝日新聞』とTBSがこのような扱いをしたことも、新しい夏の風物詩（怪奇譚）と言えるのだろうか。

国家神道を必要としたGHQ

しかし、靖国を政治問題化するとき、おおかたはこの手の粗雑さが拭《ぬぐ》えないのが現状である。ほとんどが安直な戦犯合祀批判と神道の多神教的な柔構造とアニミズム的許容性をあえて無視した形で問題にしているのである。

にもかかわらず、昭和六十一年（一九八六）の中曽根首相の参拝中止以来、靖国は中国と韓国の外交カードと日本国内の政治課題として、毎年毎年、異次元の世界で取り扱われるようになってきていた。

国難に殉じ、身を捧げた尊い英霊を顕彰、追悼するべき聖域から、靖国は、昭和の終焉とほぼ同じくして、およそ鎮魂とは程遠い卑小な世界に引きずり出されたのである。

そんな靖国を、このままではいけないと思っている日本人は少なくない。いくら一部のマスメディアが一方的なアンチ靖国キャンペーンを張ろうとも、〈実体のない日本〉に苛立ち、戦後のトレンドや歴史教育に疑問を感じている人々が世代を超えて確実に存在しているのだ。

そういった想いは、日本人の歴史意識、伝統観といった知的領域からの要請だけでなく、風俗、信仰、という〈世俗的〉なものから衝き動かされた情動のようなものでもある。

元来、信仰はイデオロギーではなく、〈世俗的〉な慣習であり、さらに、あえて言えば、神道は〈宗教〉でもなかった。〝クリスチャンの〟大平正芳首相が靖国参拝を行っていたような類型は他にいくらでも存在していた。

　また、最近の進境著しい神道研究によれば、アメリカの戦後占領政策が〈国家神道〉を必要としていたといっても過言ではない。

　ＧＨＱの〈神道指令〉は大東亜戦争の原因を軍国主義的に過激な国家主義的宣伝と規定し、国家主義的イデオロギーとして〈国家神道〉を挙げ、国家と神道神社の繋がりを解消し、〈大東亜戦争〉〈八紘一宇〉という言葉をイデオロギッシュなスローガンと断罪してそれらの言葉の使用を禁止した。

　しかし、詳《つまび》らかに歴史を見れば、〈国家神道〉の概念は昭和十年代になって初めてスローガンになり得たもので、コミンテルンに対抗するカウンターイデオロギーに過ぎなかったはずだ。

　戦後、〈国家神道〉をまず最初に必要としたのはＧＨＱであり、次は占領政策の言語空間の中に出発点を置く、天皇と神道の存在を認めたくない政治勢力であったことは間違いない事実である。

　岩波新書の『国家神道』（村上重良著、昭和四十五年・一九七〇）が神道研究の入門書であると倒錯した状況は、間もなく自然と変化していくであろう。

「マルクス・イデオロギーとしての『国家神道』が存続できたのは、戦中派、真宗（その他の宗教団体）、神社会、研究者のそれぞれが、それぞれの立場からそれを望んでいたからだ。つまり、『国家神道』というのは、みんなが望んだ『共同幻想』だった、というのが私のいまのところの結論である」と新田均氏は『「現人神」「国家神道」という幻想』(PHP研究所、平成十五年・二〇〇三)で述べている。

大多数が支持する小泉首相の靖国参拝

そもそも小泉首相の靖国参拝は大きな支持を受けていて、首相就任後の夏には、VOTEという世論調査専門サイトのアンケートで賛成は六四%、反対は三六%であった。

しかも、平成十五年(二〇〇三)一月の例のロシアから帰国直後の突然の靖国参拝では、大いに賛成が三千六百五十九票の五〇%、賛成は二千二十八票の二八%、反対は千三票の一四%、どうでもよいが六百二十七票の九%という結果になっている。つまり、首相の靖国参拝賛成は七八%なのである。

新聞やテレビのアンケート結果でなくインターネットの世論調査を引用したのは、参拝の主力である「遺族会」の配偶者の平均年齢が八十五歳、遺児も六十二歳という現状から、およそネットユーザーに相応《ふさわ》しくない靖国参拝の主な年齢層を除外しても、これだけの数値になっているということを示唆したかったからだ。

そして、また、この数値が語るように、戦後生まれの、しかも昭和四十年代以降に生まれた若い年齢層の靖国参拝者が増えていることも確かな事実なのである。

ネット参拝者と小野田寛郎氏

「あれだけ前日から雨が降り続いていたので、本当に不安でした。どれだけ人が来てくれるのか、去年も不安だったけど今年はもっと不安でした」と、激しい雨に祟《たた》られた平成十五年（二〇〇三）の終戦記念日に語ってくれたのは、インターネットの巨大掲示板「2ちゃんねる」で靖国参拝者を募ったボアマロさんだ。

彼女は二十五歳の会社員で、平成十四年（二〇〇二）も同様の企画に参加している。「おまえら八月十五日靖国参拝しませんか?」というスレッドを見つけ、書き込みをはじめ、先頭に立ってネット参拝をリードした。

平成十四年は百七十人を超す参加者があったのだが、今年は二回目ということで靖国参拝を募る別のグループも誕生したことと、前日からの烈しい雨が参加者の数を減らしてしまった。しかし、それでも、参加者は百十六名になり、午後に昇殿参拝をした人数は、なんと九十七名にものぼった。

戦友会や遺族会の団体ではもちろんなく、まったく見ず知らずどうしのネット参拝で、百名近い若い世代が団体で昇殿参拝をしたのだ。メンバーは高校生から四十代の社会人までと多彩で、いかにもネット参拝という趣《おもむき》であるが、主力は二十代の前半の世代であった。

雨は上がらなかったが、午前九時半の集合時間に目印の場所に数十人が集まり、豪雨の中、参加者はずぶ濡れになりながら、受付を開始した。「暑さ対策は十分考えていたんですが、まさか、こんな雨になるとは思わなかった。参加者の方には、いろいろご迷惑を掛けてしまいました。ひたすら反省しています」と神妙に語ったのは、〈幹事〉と呼ばれるスタッフの一人、Ａさん（二十三歳・社会人）だ。

このネット参拝はボアマロさんを含め六人の幹事が中心となり、警察への警備要請から、集団参拝や献花の靖国神社との手続きまで行い、企画に賛同してくれる著名人からのメッセージをもらうことまで企画していた。

午前十時半から参道中央で開催されていた「戦歿者追悼中央国民集会」にはテントの外で傘を差しながら二時間近く以上、参加していた。

「賛同していただける方からメッセージをいただければ幸運だと思い、いろいろな方にお手紙を書きました。そうしたら、本当に嬉しかったんですが、衆議院議員の西村眞悟先生と小野田寛郎さんからお返事をいただき、国民集会が終わった後、私たちのところに来ていただいて、直接目の前でメッセージをもらえたんです。小野田さんの奥様から電話があって何回か電話で打ち合わせをしました」とボアマロさんは目を輝かせた。

じつは、昨年も彼女たちは西村眞悟氏にリクエストし、西村氏から直接話を聞いているのだ。ただ、ルバング島からの帰還兵、小野田寛郎元少尉と直接会えることになるとは、夢にも思っていなかったようだ。小野田氏が彼女たちの前に姿を現したとき、どよめきともつかない歓声が上がった。

「笑顔を絶やさない優しい方だと思いました。雨に濡れても構うことなく私たちに話しかけてくれました。昔は国のために戦うのは当たり前だった。若い人たちがこれだけ靖国のことを思って、こんな雨の中多くの人が来てくれた。私もこれで安心して死ねる、と。そして、最後にありがとう、とおっしゃったんです。感激しました」と彼女は微笑《ほほえ》んだ。

インターネットが「タブー」を解き放つ

おそらく私も含め、戦後生まれの多くは、靖国神社については子供の頃からほとんど情報自体がインプットされていないのが普通である。

とくにネット参拝を企画した昭和五十年代生まれの世代は、さらに情報は乏しくなっているはずだ。いや、むしろ、中曽根首相が参拝を中止した昭和六十一年（一九八六）以降が彼らの成長期なのだから、彼らの世代の耳に入った靖国情報とは、政争の場、中国、韓国からのマイナスイメージとしての靖国であって、英霊の顕彰、慰霊の場としての靖国では決してなかった。

そんな環境の中で親、家族から特別な教育を受けない限り、彼らにとって、靖国情報はほとんど否定的なものだった。

そんな彼らが集団で靖国参拝を志したとき、戦後〈民主主義〉教育と家庭や社会で秘匿《ひとく》され、隠蔽《いんぺい》されてきた〈失われた情報〉を貪婪《どんらん》にまで欲したいのはきわめて自然なことである。

つまり、彼らが日頃から言動に共感できる人物からこの機会に直接話を聞きたいと願うのは、それだけ切実なものが彼らの内面にあったのではないか。この日、西村眞悟氏と小野田寛郎氏は、まさしく、〈失われた情報〉の語り部となったのである。

ボアマロさんは言う。「一昨年の夏に小泉さんの参拝が問題になり、韓国で日本の教科書問題が大騒ぎとなったときから、もう許せない、という気持ちになったんです」

幹事のBさん（二十八歳・社会人）もこう続けた。

「おかしいと思うことをおかしいと思えるようになったんですよ。いままでは何か分からない圧力があって考えられなかったことを考えられるようになったんだと思います。中国や韓国がなぜ、靖国参拝を問題にするのか、気になって自分でいろいろ勉強してみたら、とんでもないことだと気づいたんですね」

また、幹事のCさん（二十三歳・社会人）は、「タブーと思われていたことでも、メディアを選択しながら情報を得られるようになったことが大きいです。マスコミの嘘が全部バレてくると、いままでの靖国問題って何だったのかと不思議に思う」と言い切った。

〈英霊〉と戦没者を呼ぶことも彼らにとって、いや、ほとんどの戦後世代にとってタブーだったはずだ。だが、「タブーと思われていたことでも」興味を持てば自由に情報を得られる環境になり、インターネットでさまざまなメディアを比較・検討しながら情報を選別するメディアリテラシーを彼らなりに確立している。

「ワールドカップと北朝鮮問題でますます目覚めることができた。そういう人は多いんじゃないかな」と彼らは口を揃えたのだ。

特攻戦士、田形竹尾氏の戦後

靖国神社の境内に「遊就館」という戦争博物館がある。「遊就館」の名前の由来は『荀子《じゅんし》』勧学篇第一にある「君子、居るには必ず郷を擇《えら》び、遊ぶに必ず士に就く」から来ている。

明治十五年（一八八二）にイタリア人建築家カペレッチの設計によって創建され、当時は西南戦争の遺品や古今の武器、武具が展示されていたが、日清戦争後は外国との戦争の遺品、武器、装具などが収められるようになった。

関東大震災で壊滅後再建されたが、平成十四年（二〇〇二）七月十三日に新装オープンし、記録映画の上映コーナーやビジュアル解説の日露戦争コーナーなど、博物館としても素晴らしい施設に生まれ変わり、普段は外国人の見学者が多いことでも知られるようになった。

零式艦上戦闘機52型が展示されている一階の展示フロアには喫茶コーナーがあり、とくに混み合う終戦記念日なのだろうが、雨のせいで展示フロア全体が参拝客で溢れ返っていた。

私はある老人と待ち合わせをしていたのだが、老人と言うのには憚《はばか》られる背筋をピンと伸ばした矍鑠《かくしゃく》さで彼は私を待っていた。

元陸軍航空隊特攻兵で、特攻隊教官でもあった田形竹尾氏だ。氏は昭和十九年（一九四四）、台湾上空で戦闘初体験の部下を率い、二機の飛燕《ひえん》で三十六機のグラマンと二対三十六の空中戦を戦い抜いた経験もある歴戦の勇士だ。

八十七歳となっていた当時も「航空特攻映画製作委員会委員長」を務め、平成十三年（二〇〇一）にフジテレビで放送されたドキュメンタリー番組『特攻　国破れても国は滅びず』の制作に協力している。

この記録映画の監督とプロデューサーを務めた映画監督の水島総《さとる》氏が計画していたCSチャンネルでの新しいテレビ局「日本文化チャンネル桜」にも田形氏は協力し、

開局準備の多忙な日々を送っていた。

「もう、ほとんどのパイロットが亡くなりました。坂井三郎さんもすごい人でしたね。飛んでいたのは、もう私だけかも知れませんね。戦後五十八年間、私は平和の特攻隊のつもりで生きてきたんです。戦争に負けた後も、何も劣等感がなかった。特攻隊が何を信じて散っていったのか、それを伝える義務があると思って、今日まで生きて来られました」

ここまで話しても決して目を逸《そ》らすことなく、田形氏は八十七歳とは思えない鋭い眼光で私を射抜いた。

「靖国神社に今日、総理が来られないなんておかしいでしょ。逃げているんです。中国に言われるから。国内問題だ、内政干渉をするなと一言言えばいいのにそれが言えない。そんな誇りのない国になってしまったので、それを何とか取り戻そうとしています。でも、日本は若い世代から地殻変動が始まっていると感じます。一番だらしないのは指導者の年齢ですね。戦後の復興も戦前の人がやったんですが、教育が駄目だった。私たちも悪いんですね。伝えるべきことを伝えられなかった。だから、小泉さんのような指導者しかいない」と彼は言い切る。

「横田めぐみさんのお母さんは素晴らしい人ですね。相当苦しかったはずです。それでも多くのことを、何が日本人にとって大切なのかを教えてくれています。日本のお母さんです（笑）。日本がいま大きく変わって来ている気がするんですが、横田さんのお母さんはその変化の象徴です」

いきなり拉致家族に話が飛んだが、横田早紀江さんに、田形氏は特攻隊飛行兵の母の残像を投影しているのではないかと思えた。さらに氏はこう続けた。

「パーシバル将軍がミズーリ艦上の調印式で見せたのは武士道でした。彼だけが日本人に同情していました。それは、山下奉文将軍がシンガポールで英国軍を無条件降伏させたときに、日本兵だけでなく英国兵の英霊も慰霊していたことを彼は知っているからです。おそらくパーシバルはマニラ裁判で山下将軍が戦犯となり処刑されたことを連合軍では誰よりも悲しんでいたでしょうね」

そう言って、田形氏は目を瞑《つむ》った。

私は以前から訊きたかったことを尋ねた。戦後は余生ではなかったのか、と。すると即座に彼はこう言葉を返した。

「誰でも戦争中はいずれ死ぬと思っていましたからね。終戦前日に特攻命令が出ましたが、命令は翌日解除されました。結果的に生き残ってしまった。

そこで、次は短い時間で何のために生きるのか、ということを考えたんです。自分の死というものを外から一度眺めると、死が恐くなくなりましたね。特攻命令が解除されたとき、これから生きていくのは大変だなと、十五日までに死んでいれば、そんなことを思うことはなかった。生きるということは老醜を晒《さら》すことです。

戦後の時間はしかし、アッと言う間のような気がします。戦争中の一日は、時間がゆっくり進んですごく長いんです。いまは、朝起きてから眠るまでが早いんだけれど、戦争中は本当に長く感じたのは内容が濃くて、充実していたからですね。

それと、これは、動物と違うんだろうけど、私が戦った連中が、ソ連や中国やアメリカや英国の兵隊が、いま懐かしいんですよ。憎くないんです。本当に素晴らしい連中だったなと。会えるなら会いたいなあ、と思っています。実際、夢で会ったんですよ。私が撃墜した連中と。

昭和四十四年（一九六九）に戦後初めて私が育てた特攻隊員の供養で台湾に行ったとき、最後の晩に夢にみんな出てきたんですよ。初めまして、と言って戦闘機で挨拶に来たんです。何を喋っているのか分からないから部下に通訳をさせました。私に撃墜された文句を言いにきたのかと思ったら、そうではなく、敬意を表しにきたと言うんです。そこで、会食をしました。私だけが歳を取っていて、相手はみんな二十代の当時のままでした（笑）」

屈託ない笑顔で田形氏は言葉を結んだ。

ＮＨＫが特攻隊員の遺書を改竄

ところで、特攻隊と言えば、平成十五年（二〇〇三）八月十四日にＮＨＫスペシャル『映像記録　昭和の戦争と平和～カラーフィルムでよみがえる時代の表情』が放送された。

戦前の日本の姿が個人所蔵のカラーフィルムでみごとに蘇《よみがえ》り、戦前の日本が、暗黒どころか、美しい優しい色調に彩られていたことを再確認させた貴重な映像だった。

番組の中で、特攻兵の遺書が朗読された。立教大学を学徒出陣で繰り上げ卒業した海軍予備学生出身、植村眞久大尉の遺書だ。植村大尉は海軍に志願し、昭和十九年（一九四四）十月二十六日、「第一神風特別攻撃隊大和隊」隊員として「爆装零戦」に搭乗、フィリピン、セブ基地を出撃、スリガオ海峡周辺洋上にて戦死した。

ところが、番組で朗読されたのは遺書全文ではなく、部分部分を脈絡《みゃくらく》なく繋ぎ合わせたもので、しかも、一部に意図的な引用がなされていた。朗読された部分だけでも改竄《かいざん》が行われたような印象が残る。番組では次のように朗読された。

「素子、素子は私の顔をよく見て笑ひましたよ。私の腕の中で眠りもしたし、またお風呂に入つたこともありました。大きくなつて私のことが知りたい時は、お前のお母さんに私の事をよくお聴きなさい。父は常に素子の身辺を護つて居ります。優しくて人に可愛がられる人になつて下さい。

追伸、素子が生まれた時おもちやにしてゐた人形は、お父さんが頂いて自分の飛行機にお守りにして居ります。だから素子はお父さんと一緒にゐたわけです」

次に番組で朗読された遺書のオリジナル全文を紹介する。

「素子、素子は私の顔をよく見て笑ひましたよ。私の腕の中で眠りもしたし、またお風呂に入つたこともありました。素子が大きくなつて私のことが知りたい時は、お前のお母さん、佳代伯母様に私の事をよくお聴きなさい。

私の写真帳もお前の為に家に残してあります。素子といふ名前は私がつけたのです。素直な、心の優しい、思ひやりの深い人になるやうにと思つて、お父様が考へたのです。

私は、お前が大きくなつて、立派な花嫁さんになつて、仕合わせになつたのを見届けたいのですが、若《も》しお前が私を見知らぬまゝ死んでしまつても、決して悲しんではなりません。

お前が大きくなつて、父に会ひたい時は九段へいらつしやい。そして心に深く念ずれば、必ずお父様のお顔がお前の心の中に浮びますよ。父はお前は幸福ものと思ひます。生まれながらにして父に生きうつしだし、他の人々も素子ちやんを見ると眞久さんに会つてゐる様な気がするとよく申されてゐた。

またお前の伯父様、伯母様は、お前を唯一つの希望にしてお前を可愛がつて下さるし、お母さんも亦、御自分の全生涯をかけて只々素子の幸福をのみ念じて生き抜いて下さるのです。必ず私に万一のことがあつても親なし児などと思つてはなりません。

父は常に素子の身辺を護つて居ります。優しくて人に可愛がられる人になつて下さい。

お前が大きくなつて私の事を考へ始めた時に、この便りを読んで貰ひなさい。

昭和十九年〇月吉日　父
植村素子へ

追伸、素子が生まれた時おもちやにしてゐた人形は、お父さんが頂いて自分の飛行機にお守りにして居ります。だから素子はお父さんと一緒にゐたわけです。素子が知らずにゐると困りますから教へて上げます」（傍点西村）

まず気づくのは、この遺書で植村大尉が一番伝えたかった「お前が大きくなつて、父に会ひたい時は九段へいらつしやい」という一節をカットしていることだ。

また、番組で朗読された遺書本文の最後の部分にある「父は常に素子の身辺を護つて居ります。優しくて人に可愛がられる人になつて下さい」という一節は、遺書の前段にある「素子といふ名前は私がつけたのです。素直な、心の優しい、思ひやりの深い人になるやうにと思つて、お父様が考へたのです」という部分の引用の方が適切だったのではないだろうか？　というのも、「お父様」という美しい日本語をあえて引用しないこと、さらに「素直な人」というフレーズもあえて避けたのではないかと思われるからだ。

だが、何と言ってもこの遺書を貫く娘への愛情でもっとも植村大尉が切々と伝えたかった部分を、朗読部分に引用しなかったのは政治的意図があるとしか思えない。「お前が大きくなつて、父に会ひたい時は九段へいらつしやい。そして心に深く念ずれば、必ずお父様のお顔がお前の心の中に浮びますよ」

番組の時間や編集上の問題でもなく、意図的にこの遺書の根幹に触れる植村大尉がもっとも伝えたかった重要な部分を、中国政府の意向に従って朗読部分から削除したのではないだろうかという疑問が残る。

『朝日新聞』だけでなく、ＮＨＫもこうやって公共放送の名に値しないかのような、まるで米占領軍ＧＨＱの報道コードを思わせる検閲を平然と行っているのである。〈実体のない日本〉は、我々が見過ごしがちなあらゆる部分で、こうやって侵食されているのである。

「追悼懇」の行方

平成十五年（二〇〇三）八月十四日に伊勢神宮を参拝した翌日、西村眞悟氏は靖国を訪れた。

「まるで残暑が去った十月末の雨が沛然《はいぜん》と降っているような靖国に来て、何だこれは！と思いました。自然現象の異変というより、今年はおかしい、英霊は泣いているのかと。

前日に伊勢神宮を訪れたことはいままで一回もないんです。何故だか自分でも分からなかった。足が向いていたんですね。

靖国は、みたま祭もそうだけど若い人が増えていますね。それはいいことですよ。ただ、いまの政治が根本的な解決をできない以上、内政干渉である中国、韓国からの参拝非難は、繰り返し何度も起きると思うんですよ。

『追悼懇』（『追悼・平和祈念のための記念碑等施設の在り方を考える懇談会』）が雲散霧消したとしても、根本的な政治解決をしないと何回も繰り返し起こるような問題です。絶え間なく内政干渉は続くんです」と語ると、西村眞悟氏の今年の夏は、重い沈黙に包まれた。

福田康夫官房長官（当時）の私設懇談会として追悼懇が設置されたのは平成十三年

（二〇〇一）十二月だった。その後、審議を続けたのだが、その内容や審議時間そのものを疑問視する声が多い。

なぜなら、この懇談会の目的が、あたかも中国、韓国のために無宗教の戦没者追悼施設を新たに造ろうという前提があるかのような、荒唐無稽なものだからだ。

平成十四年（二〇〇二）十二月二十四日に小野田寛郎氏が記者会見でこう語っている。

「国が靖国を護持《ごじ》していないだけでも背信行為であるのに、国立追悼施設を作ったら裏切りであり、敵国として断定するだろう」。さらに、「我々は死んだら神になって国民が靖国神社で手を合わせてくれると思えたからこそ戦えた」とも言っている。

つまり、「追悼懇」の考える新しい追悼施設ができたら、英霊は日本政府を「裏切り」者の「敵国」と断罪するとまで語っているのだ。戦死者として一度靖国に祀られた経験のある小野田氏の言葉は限りなく重い。

開かれた〈俗〉の存在が〈聖〉の神秘を保証する

〈実体のない夏〉を潜り抜けた靖国は、すでに秋期例大祭の準備に余念がない。平成十五年（二〇〇三）の終戦記念日に〈実体のない日本〉を、英霊たちはどこまで凝視したのであろうか？

聖域は必ず〈聖〉と〈俗〉の世界で構成されている。祭祀空間のハレとケは、古代から連綿と続く時間の中で祝祭を整えてきた。

靖国神社の〈俗〉は、坪内祐三氏が『靖国』（新潮社、平成十一年・一九九九）で描いたように、明治時代に疑いようもない新しいテーマパークとしての空間を現出させた。いまでも例大祭に見せ物小屋が参道に現れるが、大相撲の奉納と同じように庶民のエネルギーと娯楽になっていた。開かれた〈俗〉の存在が〈聖〉の神秘と煌《きら》めきを保証する。

平成の靖国にとって、新しい〈俗〉は何であろうか。まさか、参拝者に嫌がらせをするかのような〈右翼〉の街宣車をその位置に留めることはできないだろう。

平成十五年十月に靖国神社境内で夜想会という演劇集団によって野伏翔氏の演出で『同期の桜』という戯曲が上演された。夜の野外劇だったが、連日大入りで公演は大成功に終わった。

今後、靖国にとって、〈俗〉の演出がますます重要になる。野外劇の上演なら、俳優の今井雅之氏作の『THE WINDS OF GOD』も適切だろうし、テーマにかかわらず靖国側も新しいチャレンジを続けてほしい。

平成十六年（二〇〇四）四月には夜桜能も行われ、人気狂言師、野村萬斎氏も舞台に上がり、桜吹雪の中で素晴らしい舞台を提供してくれた。今後、プロレスの奉納も予定されているが、二十一世紀の日本で〈聖〉と〈俗〉の座標軸をどこに求めていくかが課題だ。

いや、もしかしたら、平成十五年の終戦記念日に放送されたTBSの『NEWS23』のカルト空間のスタジオセットや、参拝する政治家を囲んで「私的ですか？　公的ですか？」と十年一日の如く愚にもつかない質問を繰り返す見せ物のような記者たちこそ、平成の靖国の〈俗〉として位置付けられるのかもしれない。

平成十六年（二〇〇四）の八月十五日も雨だった。にもかかわらず多くの参拝者がつめかけたのだが、近年の傾向をさらに裏付けるように、若い世代の参拝者が特に目立った。若い女性が本当に多く見られる。アジアカップ中国大会のあとだったので、参拝者が増えるかも知れないと思っていたが、予想通りだった。

ある日、九段のホテルの屋上から撮った靖国の写真が読者からメールで私に送られてきた。靖国の森は東京の汚れたビル群の景観の中で、何かに耐えるように密やかに息をしていた。

第七章

「冬ソナ」と日韓友好ブームに潜む危機

難しい問題ですが、まず日本は韓国政府に対して、反日教育を中断するように強く要求しないと駄目ですね。今までの日本政府は、まるで罪を犯した人のような態度をとって、韓国の反日教育を認めているような感じです。

多くの韓国の人が私くらいの気持ちになり、昔、日本が朝鮮に対して行ったことに感謝の気持ちを持ち、これまで反日教育をしたことを申し訳ない気持ちで対話を進めるならば、友好関係は上手くいくと思います。（金完燮）

日韓ワールドカップ前に期待したこと

ソウルの冬は風が頬を刺す。中心部を流れる漢江《ハンガン》にはときどき氷が張り、凍《い》て付くような空気は釜山とは明らかに違う。

平成十三年（二〇〇一）十二月一日、釜山のコンベンションセンターで行われた日韓ワールドカップ組み分け抽選会取材後にソウルに飛んだのだが、ちょうどその頃、二年後に日本で『冬のソナタ』と呼ばれるテレビドラマの撮影がクライマックスを迎えていたことなど知る由《よし》もなかった。

組み分け抽選会の日、日本から愛子内親王殿下ご誕生の一報がコンベンションセンターの取材陣に届いたが、韓国でも大きなニュースになっていた。

私のソウルの定宿は地下鉄二号線のウルチロサンガ駅から近く、便利な上にソウル市民のエネルギッシュな様子に生で触れられる土地柄にある。

一緒に釜山からソウルまで飛んだ知り合いの新聞記者が泊まった明洞《ミョンドン》のホテルは、新しく綺麗だが、韓国の持つ独特の土の匂いを消臭剤で消してしまったような気がした。泥臭いバイタリティがそこにはなかった。

一年前の平成十二年（二〇〇〇）からソウルに住んで、韓国サッカーの情報をWEBサイトで発信している市川恵見加さんと待ち合わせをして、ワールドカップを半年後に控えたソウルを取材した。

韓国人とワールドカップ情報を一緒に発信できればと思っていたのだが、なかなかいいパートナーと巡り合うことができなかった。私は日韓でサポーターの情報の共有化を計画していた。いまでこそ、そのプランは荒唐無稽で無謀だったと思えるが、当時はそんな考えは毛頭なかった。

彼女に案内された明洞の開店したばかりのサッカーバー、「ミリオーレ・スタジアム」の壁面に大きな日の丸と太極旗が飾られていて、幾つか寄せ書きがあった。

何を書いたか憶《おぼ》えていないが、彼女に経営者のウォン氏を紹介された私は、大極旗にメッセージを書いた。決勝で日本と韓国が当たりますように、と書いたような気もする。いまでも店内にあの両国国旗があれば確認できるはずだ。

少なくともワールドカップが始まるまでは、私は単純にスポーツというメディアが日韓両国の政治的思惑、歴史的背景を超えて、共通のメディアになることを信じていた。「ミリオーレ・スタジアム」のウォン氏と握手をしたとき、そう実感したのは間違いない。

もしかすると、テレビドラマや映画が両国を行き交うと、日韓関係の新しい座標軸が見つかるのではないか、などと素朴に考えるのと同じ過ちを犯していたのかもしれない。しかも、それは、文化交流が本当に行われれば、という留保つきだった。

じつは、映画やドラマなどのソフトより、スポーツのほうが日韓関係の新基軸を探す手掛かりになるのにより適していた。というのも、日本文化を制限する韓国では、日本のソフトが正確にきちんと紹介される可能性が低いからだ。サッカーのプレーは検閲されることなく、誰にでも同じコンテンツを供給できるので、私はスポーツの力を過信していたのだろう。

〈空騒ぎ〉に隠された本当の危険

帰国してしばらくすると天皇誕生日の記者会見があった。翌年開かれるワールドカップについて質問があり、天皇陛下は日本と韓国の歴史関係に触れ、皇室と朝鮮半島の〈ゆかり〉について言及された。この〈ゆかり発言〉が契機となって少しでも日韓の異常な関係を修復できるのではないか、と快哉《かいさい》を叫んだのだが、韓国からまったく予想外の反応が返って来たことに正直驚かされた。

「日本と韓国との人々の間には、古くから深い交流があったことは、『日本書紀』などに詳しく記されています。韓国から移住した人々や、招聘《しょうへい》された人々によって、さまざまな文化や技術が伝えられました。宮内庁楽部の楽師の中には、当時の移住者の子孫で、代々楽師を務め、いまも折々に雅楽を演奏している人があります。こうした文化や技術が、日本の人々の熱意と韓国の人々の友好的態度によって日本にもたらされたことは、幸いなことだったと思います。日本のその後の発展に、大きく寄与したことと思っています。私自身としては、桓武天皇の生母が百済《くだら》の武寧王《ぶねいおう》の子孫であると、『続日本紀《しょくにほんぎ》』に記されていることに、韓国とのゆかりを感じています」

記者会見で天皇陛下はこう述べられた。翌日、韓国の主要紙は一面トップで天皇会見を伝えたのだが、「ワールドカップを前に『韓国人に送った友好メッセージ』」と好意的に伝えたものの、「韓（朝鮮）半島との血縁を天皇自ら初めて発言した」と紹介し、『東亜日報』は東京発の記事で、「皇室が百済と密接な関係にあるのは日本の歴史書にも記録されてはいる。しかし、これを公に言及することはタブー視されてきた」と事実に反することを報じている。

簡単に言えば天皇陛下のインタビュー末尾の外交辞令に韓国側が過敏に反応したに過ぎない。だが、『続日本紀』に記載された歴史事実をタブーだったと報じること自体、韓国のタブーに触れてしまったと感じるのは私だけであろうか？

武寧王は六世紀初頭の人物で、その子孫がいつ日本に来たかが問題になるが、どれだけ少なく見積もっても在日四世以上と考えられる。何しろ桓武天皇の御世《みよ》と二百年の時差があるからだ。ところが〈ゆかり発言〉を契機に「天皇のルーツが韓国に」というフレーズが日本でもサヨク陣営を中心に飛び交うようになったのは滑稽だった。

まして皇室は男系であり、少なくともこの一件でルーツに言及するのも非常識だった。皇室を貶《おと》しめようとサヨクが鬼の首でも取ったように喜んだのは、朝鮮民族への差別意識の裏返しであり、また、韓国側で目立った「日本人には衝撃」という報道も、日本を嫌う反日感情と韓国人の不必要なコンプレックスの裏返しが「日本人には衝撃」であって欲しいという願望を表しただけだ。

重要なことは事実を歴史的・科学的に検証することで、日本人は雑種であるという文化人類学的な当たり前の前提が〈ゆかり発言〉の本質だった。

この記者会見の約一カ月後の二〇〇二年一月十四日からKBSで『冬の恋歌』（日本名『冬のソナタ』）の放送が始まったのは象徴的だ。日韓両国で話題になり、問題となるもののほとんどが、じつはこのような不必要な〈空騒ぎ〉による本質からずれた言葉の洪水に過ぎないのだ。そこで、私たちは本質を隠蔽しようとする意図の存在に気づかなければならない。〈空騒ぎ〉によって本当の危険が隠されてしまうからだ。

「ペ・ヨンジュンって本当に人気があるの?」と質問攻めに

平成十六年（二〇〇四）七月二十一日の日韓首脳会談で小泉首相は、「日本では韓国が大変なブームになっている。映画やドラマがものすごい人気だ」と発言したが、〈冬ソナブーム〉こそ〈空騒ぎ〉の端的な例である。後述するが、実際のブームもあるので二重の意味で〈空騒ぎ〉になっている。

ソウル在住のフリーライター、菅野朋子氏は『日韓文化交流基金NEWS』（六月二十日号）で次のように述べている。

「皆、なぜか、いぶかしげな表情で聞いてくる。『羽田での騒ぎを見たんだけど、ペ・ヨンジュンって本当に人気があるの？』『なんで彼がそんなに人気があるの？』と質問攻めにあい、事情を説明しても、知り合いの四十代半ばのオンニなどは、『また、ネチズン（註1）の〝デマ〟だとばっかり思っていたんだけど、本当なんだ』と半信半疑の様子だ。（中略）『韓流』と呼ばれ、中国や台湾でも韓国の芸能人人気が急上昇したが、それに遅れて起きた日本のこの冬ソナシンドロームは、韓国の人たちには、あまりにも異常に映るらしく、しかも、現在〝旬〟のスターではないのになぜという思いがあって、本来お国自慢の韓国の友人たちも、首を傾げてしまったようだ」

彼女が紹介する韓国人たちのこの反応は、きわめてノーマルで客観的だ。韓国人に「異常に映る」と思われ、〈冬ソナシンドローム〉という言葉で形容される異様な状況は、まさに私が〈空騒ぎ〉と規定した〈冬ソナブーム〉の本質を韓国サイドから衝いたものになっている。〈冬ソナシンドローム〉という言葉ほど日本の病理的現象を的確に表したものはないだろう。

そんな病理的現象を示す〝事件〟が起きた。日本テレビのワイドショー『ザ！情報ツウ』でこの年の七月上旬、司会の麻木久仁子氏が、「純粋っていうか、まどろっこしくてもう……」と『冬のソナタ』に対して感想を述べると、抗議電話が日本テレビや麻木氏の所属事務所に殺到した。

これに対して日本テレビはいまでもおよび腰で、抗議内容やどんな人たちから抗議が殺到したのか取材に応じようとしない。そもそもこの種の抗議が正確に番組の制作現場に届かないことが多いのだ。

実際、『ザ！情報ツウ』のスタッフの一人は、「抗議の内容がすべて現場に来るわけではないし、知らされないこともあると思います」と私に口を滑らせた。

しかし、日本テレビは事後の取材にもきちんと応じる必要がある。抗議が本当に〈冬ソナシンドローム〉を患《わずら》った人から来たものなのか、あるいは政治利用しようとする勢力から来たものかを検証する必要があるし、今後の番組作りにも必要なデータであるはずだ。

それにしても、テレビドラマの感想を一言述べただけで抗議が殺到し、所属事務所が謝罪を表明する事態は健全ではない。まさにシンドロームが日本中を席捲しているのだ。

「親日派」は「売国奴」となる韓国

この事件には後日談があり、麻木久仁子氏への批判が続いていた「冬ソナ掲示板」

に、一部の怒った「2ちゃんねら」が殺到し、掲示板が荒らされてしまった。

だが、インターネットの掲示板荒らしの本家は韓国と言ってもいいだろう。「2ちゃんねる」自体が恒常的に韓国からの攻撃に曝されているし、荒らし行為は韓国からだけでなく多くの在日によって行われている。

今年二月には小泉首相の「竹島は日本領」という発言の後、「冬ソナ」の主演男優ペ・ヨンジュン氏の日本人ファンサイトの掲示板が韓国人たちによって荒らされたこともあった。

もともと韓国はインターネットを利用した政治的なキャンペーンを政府主導で行っているので、韓国人は簡単に国境を越えて当該団体、機関、マスメディアなどに圧力をかけることが日常的だ。

「VANK」(http://www.prkorea.com)という市民団体を名乗る韓国政府の外郭団体があり、キャンペーンが始まると、たとえば日本海を東海と表記させよう、というキャンペーンの場合など、国連の関係機関を含めた世界中の諸機関、地図出版社にクリック一つで抗議メールが送信できる送信フォームが作られていた。

抗議したい人は必要最低限の書き込みだけで抗議メール(註2)を送信することが可能なのだ。世界中の関連機関、企業は大量のスパムメールに悩まされることになる。

「冬ソナ」は韓国で放送当時もナンバーワンドラマではなかったし、中国や台湾や東南アジア諸国でも「韓流」は下火になっている。

そんな状況で小泉首相が、さもアジア情勢に理解があるように外交の舞台で「冬ソナ」に言及するのは外交的にも大きなマイナスになる。責任は情報を精査しない内閣府にもあるが、最大の元凶は日本のマスメディアだ。

まず、日本のメディアがしなければならないことは、情報を包み隠さず報道することだ。たとえば、「冬ソナ」を持ち上げるのなら、韓国で放送中、決してナンバーワンドラマであったことはなく、当時もっとも人気があったのは、日本統治下の日韓の対決を描いた『野人時代』という反日ドラマだったという情報も開示されて然るべきなのだ。そういう背景があって、初めてペ・ヨンジュン氏も一般的韓国人と同じように反日意識の強い俳優であることも理解できるのだ。

逆に言えば、親日派であることが売国奴のアナロジーである韓国文化の状況こそ伝えられなければならない。いま、日本には一方的な情報しか入っていないし、それが原因で〈空騒ぎ〉が日本人の目を眩《くら》ませることになり、場合によっては外交政策すら狂わせる可能性もある。

「〈冬ソナブーム〉は〝口裂け女〟に近い」

ところで本当に〈冬ソナブーム〉はあるのだろうか？　関連書籍の出版は、成功したものと失敗したもので落差が大きい。

　ペ・ヨンジュン氏を前面に出した共同通信社や宝島社のムックは四十万部という売り上げを達成している。ふだん芸能ものを出さない出版社でも初回八万部刷り、三日後には増刷がかかり四万部を追加し合計十二万部を完売したと言う。ある出版関係者はこう私に打ち明ける。

「売れるものは俳優の写真を大きく扱ったタレント本の体裁になっているものです。昔の『明星』とか『平凡』のようなタレント本をイメージしてもらえば分かります。失敗してほとんど売れなかったのは、冬ソナの作品を本にしたものや作品解説などに重点を置いたものでした。ブームは地上波の放送が終わった後の九月頃にもう一山来そうな気がします。正直言ってこれだけ売れるとは思っていなかった」

　つまり、完全なミーハー人気なのである。しかも韓国でも奇妙に思われているこの現象はどこから来たのか？　薄気味悪いと思っている人も多いのではないだろうか？

別の出版プロデューサーはこう語る。

「おばさんの井戸端会議の延長線上にあるんです。こういうブームは一度火が付くとメディアが増幅するので後は自然現象ですね。日本では去年ＮＨＫ‐ＢＳで放送を始め、何ともなかったんです。それが年末に二十話を一括放映してから一気に井戸端会議の話題になった。じゃあ、私も観てみようということで広がったんです。ブームが持続したのは、そこそこ内容がいいことと真面目に作っている点が日本人にも伝わったのではないか」

別の関係者の証言はより示唆《しさ》的だった。

「〈冬ソナブーム〉は〝口裂け女〟に近いと思います。一種の都市伝説なんです。だから理解できない不思議な熱狂ぶりがあって宗教じみています。テレビでちょっと批判的なことを言ったら抗議が殺到するなんて異常ですが、宗教だと思えば理解できます。

私の会社ではプレゼント応募券の返りが多いのでマーケティング的に非常に助かりました。本が売れたことも良かったけれど、プレゼント応募券が五千通も返ってくるなんて常識では考えられないことですからね。新しいマーケット目標ができたのは大きいです」

彼らの話を総合すると、ブームで書籍、ＤＶＤを購入したのは三十代後半から四十代後半、五十代の女性であり、四月三日にＮＨＫの地上波で放送が始まる頃までにはそういう顧客層を完全に把握したマーケティング戦略で出版物、ＤＶＤなどが売られていったことが分かる。

別の関係者もこう続けてくれる。

「『韓流』とか『韓国ブーム』と言われているが、韓国映画などマスコミが言うほどのブームではない。その証拠に観ている人は少ない。興行的には失敗しています。そういう意味で『冬ソナ』だけは特殊なんです。確かに都市伝説とも言えますね。おっかなくて批判はできないですよ。おばさんが百と言ったら、こちらも百と言わないと大変なことになる。家では女房が言うことを一〇〇％正しいと言わないとおかずが一品減るようなもんですよ。〝ヨンフルエンザ〟って言葉まであるんですよ」

マニアックなファンが好きなものに熱中するのを誰も否定できないように、健全な社会なら、宣伝のように社会現象になっていようといまいと、作品が客観的に批評されることを誰も否定できない。

しかし、それが許されない病的な〈冬ソナシンドローム〉には、余りにも多くの夾雑物が付け入る隙がある。ただでさえ、政治的思惑が支配する日韓関係では、ブームが形成された背景を精緻に解析しなければならない。

いくら自然発生的なブームだと関係者がビジネスのためにブームを肯定しようとも、ブームの背後を読み解かなければ、そのブームがどこへ向かうのか、日本を危険な方向に向かわせていないか検証する必要がある。

そもそもＮＨＫが常識を超えた宣伝を平成十五年（二〇〇三）から、あたかも全放送を用いて行っていたように感じるのは否定できない事実だ。ニュース番組であるはずの『クローズアップ現代』が何と番組宣伝の内容を放送していたのだ。視聴者から受信料を徴収する公共放送に相応《ふさわ》しい内容を放送しているのだろうか？

それと同時に、ＮＨＫのテレビドラマを民放各局がまるで番組宣伝のようにＰＲした事実も忘れてはならない。ブームを起爆させる意図的な情報統制があったのではないかと考えるのが普通である。

「日韓友情年二〇〇五」前年に仕掛けられた韓国ブーム

平成十六年（二〇〇四）七月の日韓首脳会談でも話題になったが、平成十七年（二〇〇五）は、日韓基本条約が締結されて四十周年に当たる。外務省はそれを記念して「日韓友情年二〇〇五」としてスポーツから文化に及ぶあらゆる分野で文化交流を計画している。

「日韓友情年二〇〇五」実行委員会はすでに稼動している。委員長に平山郁夫氏（東京芸術大学学長）、副委員長に瀬戸雄三氏（〈社〉日韓経済協会会長）と成田豊氏（〈株〉電通最高顧問）、委員に小倉紀蔵氏（東海大学助教授）、姜信子氏（作家）、崔洋一氏（映画監督）、平田オリザ氏（劇作家）、依田巽氏（〈財〉音楽産業・文化振興財団理事長）の五名が就任している。

すでに「日韓友情年二〇〇五」の公式サイト（http://www.jkcf.or.jp/friendship2005/index.html）もあり、財団法人日韓文化交流基金が母体になっている。

ただ、NHKにとってみて、政府主導のイベントに大きくかかわるのは社是みたいなものであり、「日韓友情年二〇〇五」に協力しないと考える方が不自然だ。NHKのハングル語講座の講師であった小倉紀蔵東海大学助教授がメンバーであるのもそういった背景から、むしろ当然の人選なのだろうか。

ここで賢明な読者の方はお気づきになったかもしれないが、政府関連事業に欠かせない電通の存在が実行委員会にしっかり寄り添っていることだ。

電通の成田豊氏は当然誰でも分かるのだが、小倉紀蔵氏も元電通マンである。つまり、「日韓友情年二〇〇五」実行委員会にはNHKと電通が色濃く影響しているのである。「日韓友情年二〇〇五」の前年に〈冬ソナシンドローム〉を巻き起こす必要があったと自然に考えられるのだ。

NHKが〈冬ソナブーム〉が必要だった理由がもう一つ考えられると、ある放送関係者は言う。『冬の恋歌』はKBSがハイビジョンカメラで撮影したので、ハイビジョン放送普及を戦略としているNHKが日本でヒット作にしなければならなかったという。この事実関係は未確認だが、これも考えられ得る背景である。

ただ、いずれにしてもブームを作ろうと思ってもコンテンツにブームとなる必然性がなければ、成功はしなかった。日本の中年女性にとって〈都市伝説〉となる要素があったからこそ、関係者の必死な環境作りと相まって〈冬ソナシンドローム〉の成立が可能になったのだ。

ボカシ入りで放映される『ヒカルの碁』

ところで、ここで「日韓友情年二〇〇五」実行委員会の方々にお願いがある。このイベントを本当に日韓両国の友好と文化交流に役立てるものにするのなら、日韓ワールドカップの二の舞は許せないというのが正直な気持ちだ。

というのも、二年前の日韓ワールドカップは、少なくとも草の根レベルで日本と韓国の距離を遠ざけることはあっても近づけたという事実もないからだ。その理由は、メディアの一方的な情報統制にあったのは言うまでもない。

そんな危惧《きぐ》をここで表明しなければならないのは、それとまったく同じことがすでに〈冬ソナシンドローム〉を通じて起きているからだ。実行委員会はメディアに徹底した情報開示を求め、偏向報道を許さない姿勢を明確に訴えるべきではないだろうか？

日本で〈冬ソナシンドローム〉が起きていることは、嫌でも毎日メディアから洪水のように降り注いでいるので、よく分かる。それによって小泉首相がピントが外れた発言を外交の場で何度もしているのだが、それは国益に反さないのだろうか？　また、韓国のソフトが嫌でも日本に溢れかえる状況も、韓国内での日本ソフト解禁を目指した逆プロモーションであることも理解できる。

ただ、それならば実際に二〇〇二年秋から始まった日本ソフト解禁がどのような状態になっているか情報開示しなければ、日韓ワールドカップと同じことになってしまうのである。

実際、日本から輸出されたテレビドラマがどんな状態なのか？　地上波では放映が禁止され、ケーブル局でしか見られず視聴率も壊滅的な状態であることなど、事実を報道する必要がある。

日本にとって、ソフトの輸出は今後の大きな課題なのだから、将来のためにも現状をレポートする必要がある。もっとも、地上波で放送されていても現状を伝えられない事情があるソフトも存在している。

じつは、その代表例がアニメ映画『ヒカルの碁』だ。『ヒカルの碁』は『週刊少年ジャンプ』連載中から高い人気を誇り、小学生に囲碁ブームを起こしたことでも知られている。

連載中から『ジャンプ』史上の最高傑作と言われながら、突然連載が終了し、韓国からの圧力で連載が終了させられたという噂まで出た、いわくつきの作品だ。そんな『ヒカルの碁』なのだから、韓国で二〇〇四年六月から放映が始まったことに注目していた人も多かった。

二〇〇四年六月三日の『朝鮮日報』はこう伝えている。

「日本で大旋風を巻き起こした人気漫画『ゴースト囲碁王』（原題：『ヒカルの碁』）が一日から毎週火曜日に、公営放送ＫＢＳテレビ第二チャンネルで放映されている。作品性が認められた大作であるうえ、韓国内でも多くのファンを確保しており、良い反応を得るだろうとの見方が出ていた。

しかし、いざ放映がスタートした後、予想できなかった面に、非難が殺到している。主要キャラクター、チャラン（原作のサイ）のすべての衣装を白くして放映し、見る度不自然に感じるということだ。ＫＢＳテレビ・視聴者掲示板には、放映直後に『（チャランの）首だけが浮いていて、変だ』（ハン・スミ）、『目で見て理解する漫画なのに、キャラクターを象徴する服を、すべて削除したら意味がない……こんなことなら最初から放映をしなければ良かった』（カン・ソクリム）というなど、不満を述べる文が多数掲載された」

実際に画像を見たが、登場人物が倭的《わ》（日本的の差別的表現）な服装をしているという理由で、ボカシが入って修整されている。まるで一昔前のポルノ映画のような様相なのだ。こんな検閲を原作者が許したのが不思議だが、集英社と電通はどのような立場に立っていたのだろうか？

文化交流と程遠い現実に、韓国の若い世代も非難している。日本的なビジュアルだからという検閲理由でまともにアニメの放送も許されない韓国と、日本はどう文化を交流させられるのだろうか?

「親日派糾弾法」が韓国国会で成立

電通はアジア各国に支社を持つが、韓国法人だけがトップが現地人だった。平成十六年（二〇〇四）九月に資本比率が変わり、電通の持ち株が四〇%から八五%に大幅に上げられ、社長も日本人になったのだが、当初そのような資本比率になったのは韓国の保護主義によるものだった。

ただ、電通という巨大資本が韓国に利用され、日本では決して放送されない反日主義の人気テレビドラマや映画が、アジア諸国に韓国電通発で配給される可能性もあったことは間違いない。現状ではそのような可能性が排除されたことは喜ばしい。

『むくげの花が咲きました』という韓国の人気映画があるが、三百五十万部売れた国民的ベストセラーの同名小説の映画化で、韓国が日本を核攻撃するストーリーだ。この種のものは数多く制作され、人気を博しているが、まず日本では観ることができないのが現状である。

一方で「日韓友情年」を謳いながら、一方で反日意識が横溢したソフトに人気が集まり、歪曲《わいきょく》された歴史観で日本を非難し続けるのが、韓国の情況だ。

そんな風土を象徴するかのように「親日派糾弾法」と言われる「親日・反民族行為

真相究明特別法」が二〇〇四年三月二日に韓国国会で成立した。

まさか実際に成立しないと思っていたのだが、近代法の概念とも懸け離れたきわめて時代錯誤的な悪法である。簡単に言えば事後法という概念で、日本の統治時代に日本に協力した人物を裁くという法律だ。法律としてあり得ないものだが、それ以上に日本への憎悪だけが証明された。韓国人の歴史認識がこれほど浅薄だったのかと改めて考えさせられる。

当時与党ウリ党がこの法律の成立を進めたのだが、六月に行われた調査で「韓国与党、日本重視わずか二％　靖国反対は四〇％」（『中央日報』）という外交政策のアンケート結果が発表されている。こういう現実こそ日本人も日本政府も直視しなければならず、〈冬ソナシンドローム〉に幻惑されている時間などないはずなのだ。

韓国の親北朝鮮勢力を称揚する文科官僚

ここで注目すべきは文部科学省文化庁文化部長（当時）の寺脇研氏の存在だ。寺脇氏は前任のとき、悪名高き〈ゆとり教育〉の提唱者だった。

現在は文化庁文化部長という肩書きで『朝鮮日報』から「日本政府の『同ドラマ（冬ソナ）現象スポークスマン』とも呼ばれる文化庁文化部の寺脇研部長は『韓国語ブームが起きているのを見ると、韓国ブームは長引きそうだ』と展望している」とまで書かれている。

つまり、外務省とは別に、文科省の立場から〈韓流〉ブームに深くかかわる人物として韓国メディアから信頼が厚い。その寺脇氏は、ある高校生向けのサイトに次のようなエッセイを発表していた。

「韓国総選挙の結果、大統領与党のウリ党が勝利して過半数をとり、ノ大統領の政策が国民多数の支持を得たのは、日本と韓国との関係には確実にプラスです。現在のノ大統領でも、それに先だって民主化、柔軟化を志向したキム・デジュン大統領でも、これまでは議会で大統領与党が単独で過半数をとることはありませんでした。そのために、いかに強い権限を持つ大統領の立場でも、議会側からさまざまな制約を受けることがありました。

いま進行中の弾劾審判問題（三権分立の考え方で、立法府たる議会が行政府の長である大統領を訴追し、司法府たる憲法裁判所が大統領の適格性を審判する仕組みです）も、そうしたひとつのようです。これからは、大統領の政策がこれまでのように障害にじゃまされずスムーズに実行できるようになるでしょう。最近の大統領の施策や発言によれば、日本との関係を、より良好なものにしていこうという意思が明確に感じられるだけに、わたしたちもそれを受け止めて積極的な交流を図りたいと思っています」

北朝鮮に侵食されていく韓国の問題は、デフォルト（初期設定）としての反日だ。そんな親北朝鮮勢力を称揚するような官僚が文科省の中枢で、日韓友好事業を推進している。こんな異常事態を阻止しなければ、日本は内部から侵食され続けていく。

韓国には、日本統治時代を客観的な視点で評価することを拒んだところから韓国という国家が生まれたという事情がある。「心情北派」の韓国人が、簡単に北の「朝鮮半島の歴史を継ぐ正当性」という宣伝に騙される理由なのだ。つまり、朝鮮半島が主体的に日本統治を評価しなければ永遠に歴史の陥穽《かんせい》に捉われる。そういう意味でも、北朝鮮の体制がまるで李朝を受け継いだかのような〈李朝共産主義体制〉であることは極めて示唆的だ。

「日帝三十五年」を客観的、科学的視点で評価し、日本を相対化しなければ、朝鮮にとって日本は永遠に絶対的なものであり、正常な関係など不可能になる。

その端的な例として、「衝撃的だった安室奈美恵の来韓公演」という二〇〇四年五月二十日の『朝鮮日報』の記事は「反日感情ではなく克日の努力と行動がいま以上に必要とされるのではなかろうか？」という一文で結ばれている。安室奈美恵の音楽まで日本を〈敵〉として絶対視する〈韓流〉の文脈で解釈されなければいけないのであろうか。

メディアが隠蔽する事実がネットで広がる

日韓首脳会談が済州島で行われた平成十六年（二〇〇四）七月二十一日、小泉首相は日本の韓国ブームや〈冬ソナシンドローム〉をリップサービスしたのだが、同じ日にソウルでは、「対馬は韓国領土　小泉首相訪韓反対集会」なる集会も開かれている。

「大韓民国独島《トク》郷友会（チェ・ジェイク会長）は二十一日午後、ソウル・鍾路のタプコル公園で日本の小泉純一郎首相の訪韓に反対する集会を開いた。（中略）韓国の昔の領土だった対馬島の返還を促す一方、韓半島侵略の歴史に対し謝罪するよう求めた」（傍点西村）と『朝鮮日報』は伝えている。捏造《ねつぞう》された歴史観から来るお定まりのうんざりするような「謝罪」を求める韓国人の妄動である。

「日韓友情年」というスローガンを掲げるのはいいのだが、友情を分かち合うためには少なくとも普通の交際が前提となり、お互いが会話をしなければ不可能である。果たして、日本と韓国はいま、〈友情〉を醸成できる環境にあるのだろうか？　私は、日韓ワールドカップが行われた二〇〇二年よりさらに事態は悪化していると思っている。

同じ日にソウルのワールドカップスタジアムで行われた二十三歳以下の日韓代表戦で、スタジアムに一部の韓国人サポーターが掲げた大きな横断幕には「獨島（竹島の韓国名）は韓国領」「南伐（日本征服）」という文字が書かれていた。韓国人サポーターのこうした政治スローガンをスポーツの場に持ち込む非常識さは、日韓ワールドカップのときより増長している。

ワールドカップではドイツ戦で「ヒトラーの息子は帰れ！」というスローガンとともに、ハーケンクロイツをデザインしたゲート旗（サッカーファンが用いる応援スローガンを書いた旗を二本の棒で支えるもの）まで登場したが、さすがに会場係員から撤去されていた。

日本人と日本政府は、これらの日本に対する無意味で低俗な韓国人からの挑発が、当たり前の風景として存在するという現実をきちんと認識しなければならない。

おそろしいのは、メディアが伝えないこうした事実が、いまネットで広く知れ渡る環境になっていることだ。メディアが客観的な情報をこのまま隠蔽し続ければ、強烈な反韓意識がネットを中心に広がり出し、民間レベルでの〈戦争〉がいつ起きても不思議でない状況になっている。

〈冬ソナ〉を客観的に批評できる環境作りが必要とされること自体、アブノーマルな状況だ。大切なことは、日韓両国が客観的・科学的な事実の検証を相互に行い、お互いを相対化することなのだが、韓国に、現在その可能性がほとんどないことが致命的だ。

しかも、日本の一部メディアと政治家、さらに反日活動家が、韓国の反日意識を称揚するマッチポンプの役割を果たしている。韓国ブームが政治的意図をもって醸成《じょうせい》されるとき、本来考えられなかったさまざまな政治的意図もそこに忍び寄り、滑り込んで来るのだ。

平成十六年（二〇〇四）十月二十八日の『朝日新聞』に小さいが恐ろしい記事が掲載されていた。

「在日地方参政権　日韓議連に訴え　韓国大統領」という記事で、韓国を訪問していた森喜朗前首相と冬柴鐵三公明党幹事長に韓国の盧武鉉大統領が、在日韓国人のために外国人参政権法案の成立を推進するように促したというのだ。日本への内政干渉を繰り返す韓国は、日本併合を意図しているのであろうか。

註

1　ネチズン　「インターネット市民」の造語。

2　スパムメール　ある意図をもって大量に組織的に送られる迷惑メール。商品のキャンペーンや政治宣伝などに用いられる。

第八章

終わりなき中国の「反日」——アジアカップ中国大会で見えたもの

八月十五日より、毎月二名の倭寇を殺害する。もし倭寇に依然として後悔の念がなければ、来年には毎週一名の倭寇の殺害を開始する。攻撃目標　中国へ来て投資する商人、旅行者、共産党のいわゆる『友好人士』。

（「倭寇に告げる書」一九八九年七月十三日）

中国は「日本鬼子」と呼び、日本に対する憎しみをかきたてることを止めなければならない。学校で、映画で、テレビで、そして全ての宣伝ネットワークが日本についてがなりたてることから、中国人の敵意はますます危険なものになっている。

（『ニューヨークタイムズ』ニコラス・クリストフ　二〇〇二年一月二十二日）

五輪開催直後に崩壊したナチスドイツ、ソ連

地中海の夥《おびただ》しい陽光を受け、レバノンで日本代表がアジアチャンピオンに輝いたのはこのときから四年前の平成十二年（二〇〇〇）だった。

アジアカップは四年ごとにワールドカップのちょうど中間の年に開催される大会で、前回のレバノン大会会期中に行われたＡＦＣ（アジアサッカー連盟）総会で「アジアカップ二〇〇四」の中国開催が決まった。

まさかそのとき、四年後のアジアカップがスポーツと懸け離れた、異次元の政治的喧騒《けんそう》をこれだけ提供するとは想像することもできなかった。中国はもっとしたたかな全体主義的措置でアジアカップを運営すると思えたからだ。

逆に言えば、中国がスポーツというソフトを〈スポーツ自体〉として提供することが不可能な国家であることを平成十六年（二〇〇四）のアジアカップが証明してくれた。

偶然にも、これまでナチスドイツ、ソ連と、全体主義国家が五輪を開催した直後に、その体制はいずれも崩壊している。

もし予定通り北京五輪が開催されれば、スポーツというソフトとともに世界中から人と情報が中国に流入し、全体主義体制に変化を促す大きなインパクトになることも

考えられる。そして、それは、五輪開催が可能な全体主義が、じつはその許容性を持ち得ることで、体制崩壊の兆しを内包してしまうという逆説なのだ。

そういう意味で、中国はソ連崩壊と同じ危機をすでに胚胎してしまった可能性がある。

そんな崩壊への過程があり得るなら、それはこの国の悲痛な歴史の縮図をそのままなぞったものになるだろう。

鄧小平が描いた〈改革開放路線〉という中国近代化のグランドデザインは、文化大革命という権力闘争で二千万人の国民を虐殺した凶事《まがごと》を地中深く隠蔽することから始まった。

その後、胡耀邦氏、趙紫陽氏と続く改革開放路線は必然的に一九八九年の天安門事件を用意したのだが、結局、地底から甦った文化大革命の亡霊が李鵬体制を牽引し、その後の江沢民氏の強大な権力と謀略政治に収斂《しゅうれん》されていく。

その過程で〈反日〉というイデオロギーが、中華人民共和国誕生以来の血塗られたホロコーストの亡霊のように現れ、日本を徹底的にターゲットとしたプロパガンダとして〈中国〉の反体制抑止と体制引き締めに利用されてきた。

そんな歴史的文脈の延長線上に、自由と〈改革開放〉を求めた学生二千人が無残に虐殺された天安門事件は、十五年後のアジアカップと同じ位相を持ち得るのだ。

つまり、中国人にとって十五年前の自由と改革開放が、アジアカップを通した〈スポーツの価値自体〉に置き換えられたのである。

公式サイトに日本語版がない

アジアカップに関して、中国の反日運動やスポーツ観戦のマナーの欠如について世界中で報じられたが、日本メディアのほとんどは混乱と偏向に満ちた報道に終始した。なぜなら、純粋にスポーツの範疇《はんちゅう》で語られなければならない言葉と、政治や国際関係の中で語られなければならないものが、区別なく渾然一体の情報になってしまったからだ。

しかも、〈反日プロパガンダ〉に寄り添った偏向報道が事態をいっそう混乱させた。中国共産党の意向に沿った反日メディアが、スポーツ報道と政治報道の両側から、スポーツの価値と日本を貶《おとし》めていたのだ。

まず、スポーツの領域から問題を挙げてみよう。アジアカップの公式サイト（http://www.asiancup2004.com/）があった。このサイトはＡＦＣの運営だが、大会組織委員会である中国サッカー協会と中国政府も当然運営に加わっていた。

アジアカップのスポンサー全十三社のうち、エプソン、ＪＣＢカード、コニカミノルタ、マクセル、ニコン、アディダスジャパンと日本企業は半数以上の七社が占めた。

にもかかわらず、このサイトは英語、中国語、韓国語、アラビア語の四つの言語でしか表示されていなかった。日本語バージョンが見事になかった。スポンサー契約の詳細は分からないが、常識では考えられないことが起きていた。かりに日本企業のスポンサーが少なかったとしても、この日本差別は大問題だ。

さすがに大会途中で日本語版のない公式サイトがネット上で槍玉に上がったが、真相は組織委員会の怠慢か差別に原因があるようだ。作りかけの日本語版がＷＥＢ上で発見されてしまったのだ。

スポンサーの日本企業が、広告代理店である電通と組織委員会に、正当な抗議と契約金減額などの制裁を行えたかということが問題になる。中国がらみのあらゆる分野で、日本企業がおよび腰になっているのではないだろうか？

アジアカップ中国大会は随所に日本人への差別がみなぎる異常な大会だったのだが、この件で抗議もできない日本企業は、外務省やメディアのこれまでの中国への対応が悪影響を与えたのだ。

中国人観客から降り注ぐブーイング

ここで例のブーイングに言及したい。ブーイングに対する報道も、スポーツと政治を峻別《しゅんべつ》できない低レベルなものが多く、焦点が霞んでしまった。しかも、それだけでなく、その混乱を逆利用する政治宣伝も散見された。

じつはスポーツの国際大会でブーイングは日常であり、とくにサッカーでは顕著である。日本が中国とアウェーで対戦するなら、試合中に日本代表への野次やブーイングが出るのは当たり前である。それこそ、中国が対戦相手なら、〈日本鬼子《リーベンクイズ》〉〈小日本《シャオリーベン》〉という差別語、蔑称が試合中に飛び出しても、それは想定できる範囲内の出来事だった。

だが、日本代表や日本サポーターが想定不可能な厄災に見舞われたのは、日本がグループリーグや決勝トーナメントで戦った相手が中国ではなかったからである。ブーイングがメディアに取り上げられ始めると、したり顔で「サッカーではブーイングは当たり前だから大騒ぎする日本はおかしい」などと言う人間もいた。問題は、決勝で中国と戦うまでの五試合で、対戦相手が中国でないのに中国人観客からブーイングが降り注いだことなのだ。

さて、これ以上話を進めるには、スポーツ外の領域に立ち入ることになる。スポーツメディアがアジアカップをどう総括するか興味はあるが、自ずと限界がある。スポーツの言語で語れない部分の方が遥かに大きくなってしまったからだ。

つまり、今回のアジアカップを客体化するにはスポーツの言語では不十分ということであり、スポーツが裏切られたアジアカップとなったのだ。冒頭述べたように、中国の全体主義体制がスポーツをスポーツとして語ることを拒んだのだ。それはテロルと言っても過言ではない。

　もっとも分かりやすくそれを説明できるのは、日本が準決勝を行った済南での出来事だった。準決勝を翌日に控えた平成十六年（二〇〇四）八月二日夜、読売新聞サイトが「中国人報道陣、ジーコ監督に『台湾問題』で〝迷〟質問」という記事を掲載した。

「翌日の準決勝を控え、済南で公式会見に臨んだが、中国人報道陣から、ジーコ監督に対して政治的な質問が出される一幕があった。

　質問は、日本サッカー協会が、外国の報道陣用に出している英語のメディアガイド（代表チーム紹介）に関してのもの。中に東アジアの地図が描かれたページがあり、中国が黄色く塗られていることについて、ジーコ監督へ理由を尋ねる質問が出た。

　監督は、『中国がホスト国なので、ほかの国と一緒だと見分けづらいからでは』と答えたが、組織委員会関係者の話では、質問は、地図の中で台湾が黄色く塗られていないことに対して抗議する意図だったという。

　この問答は、司会者が『政治的な質問をする場所ではない』として途中で打ち切られたが、記者たちは納得のいかない様子で会見場は騒然となり、日本サッカー協会の広報担当者は、『三日の試合前に回答する』と説明した。日本のサッカーへの理解を深めてもらおうと作成した資料が、思わぬ波紋を呼んだ形だ」

民度が低いという中国への批判は、ブーイングでなくこの記者会見に向けられるべきものだった。エリート層と言われるメディア関係者でもこのレベルである。

五輪にしてもワールドカップにしても、参加する国・地域は〈政治の地図〉で色分けされるのではなく、〈スポーツの地図〉で分割されている。

もちろん、ＡＦＣには中国、台湾、香港はそれぞれ独立したサッカー協会として加盟し、それぞれの代表チームを持っている。ワールドカップやアジアカップの予選には台湾や香港も参加しているのだ。こんな子供でも分かる常識がこの国では通用しなかった。

ジーコ監督に対する場違いな詰問や日本サッカー協会に対する非難は、全体主義国家の一面を覗かせたと同時に、いかなる状況でもスポーツの言語より政治の言語が優先されるという、世界基準とかけ離れた中国の民度を垣間見させた。

さらに、中国人記者のヒステリックで幼稚な反応をきちんと伝えたメディアが『読売』と『産経』だけという日本メディアの寒々しい状況も露呈させてくれたのだ。

脅迫された日本代表チーム

ただ、のちに情報収集をすると、この事件は、未熟な中国メディアの失態というより、北京政府の下で組織的に行われた可能性が高い。

じつは、ジーコ監督および日本代表への単純な嫌がらせではなく、日本致府や日本メディアに照準を合わせた、日本サッカー協会を利用したテロルと言っていい恫喝《どうかつ》が込められたのだ。

アジアカップで日本代表は数々の嫌がらせを受けていた。だが、練習場に到着すると鍵が掛かって入れず一時間待たされたり、選手の宿泊ホテルのエレベーターが止まったり、スタジアムから選手を乗せたバスが試合後二時間たつまで出発できなかったという嫌がらせの数々は、まだ、スポーツの世界での出来事だ。

これらは、アウェーのサッカーの試合では想定内で最悪の妨害なのだが、平成十六年（二〇〇四）八月二日の日本への恫喝はスポーツの範囲を完全に超えた、外交戦争と言える政治性を帯びたものだった。

日本サッカー協会の用意した広報冊子に記者会見で言い掛かりをつけたのは中国メディアだったが、台湾が中国と色分けされていたことについて、翌日までに日本サッカー協会の正式な見解を求めたのは、済南の大会組織委員会だった。つまり、アジアカップの組織委員会＝北京政府の要望とも言える。

また、組織委員会はその冊子の回収を強く要請し、正式見解の発表と冊子の回収が行われなければ、日本チームの安全は保証できないとまで言い放ったのだ。つまり脅迫である。

このようにきわめて悪辣《あくらつ》な政治主義がアジアカップを支配していた。だが、日本サッカー協会はそれに屈せず、日本の正当性を貫いた。

重慶の試合から数々の妨害を受け、さらにスタジアムでも観客席から組織的な嫌がらせを受けていたにもかかわらず、スポーツの立場からスポーツの〈価値自体〉を貫いた日本サッカー協会の対応は評価できる。少なくとも従来の外務省や日本メディアの姿勢より筋の通った対応をした。

日本サッカー協会は、翌日試合前に、「政治的な意図はまったくなく、国際サッカー連盟の発行している各サッカー協会案内に従った」という正式見解と、決勝の北京会場では冊子を置かないことを発表した。北京会場で冊子を置かないことにしたのは、ギリギリの政治判断だったのだろう。だが、世界中のメディアに配布された冊子の回収には決して応じなかったのだ。

「反日行為」報道の差が顕著な各紙

そんな問題を含みながら大会は進行していたが、アジア大会で何が行われていたかという本質を衝いた報道はほとんどなかった。

それでも、『読売』と『産経』は明らかに異常な日本代表へのスタジアムのブーイングと、選手バスに投げられるゴミや罵声を見て、グループリーグが行われた重慶で中国の反日活動の報道をし始めた。

『毎日新聞』も七月二十日にいち早く、開会式後のベラパンAFC事務総長の会見内容が中国メディアにいっせいに攻撃を受けたことを「AFC事務総長発言を猛烈批判高まる民族主義」という見出しでこう伝えた。

「中国各紙によると、開幕試合中に観客から起きたブーイングに、マナーが悪いと感じたベラパン氏が『〇八年北京五輪の開催が成功するか疑問だ』と会見で発言。これに対して、官・民・メディアが一丸となって猛烈に批判し、ベラパン氏は謝罪に追い込まれた。中国が国家の威信をかけて準備を進める〇八年北京五輪は『神聖化』されつつあり、新たな民族主義につながる危険もはらんでいるようだ」

ある程度本質を衝いた記事になっていたが、中国の危険な〈民族主義〉の正体には触れていない。

そもそも〈民族主義〉という言葉は適切ではない。漢民族という意味で使ったとしても疑問だが、中国民族という言葉は文化人類学的にもあり得ないからだ。ただ、もし〈中華人民共和国民族〉という意味で使われたのなら、中国共産党の国家主義をシニカルに表現したものということになる。

とにかく、アジアカップの現場で異常な〈民族主義〉に危機感を抱いたのは、日本サッカー協会だった。

七月二十五日、二十四日の日本対タイ戦後、インタビューを受けていた中村俊輔選手と遠藤保仁選手が選手バスに乗る前に中国人暴徒の襲撃を恐れたバスの運転手が二人を積み残して出発したことを挙げ、組織委員会に日本チームと日本人観客の安全を確保するように要望書を提出した。

共同がこのニュースを配信したが、『産経新聞』は三段抜きの扱いだったが、『朝日新聞』は、なんと十二行のベタ記事扱いで、情報操作と隠蔽工作そのものの紙面構成となった。この紙面を見た『朝日』の読者が、何の予備知識もなくアジアカップに出かけて被害に遭っても、責任は問われないと『朝日』は言いたいのであろうか？

今回、共同通信は比較的いい仕事をしていたが、新聞によってこれだけ扱いが違うことに改めて気づかせられた。

巧妙に情報操作をするテレ朝、ＮＨＫ－ＢＳ

だが、それ以上に、テレビの実況中継が現在の日本メディアの置かれた状況を何よりも雄弁に物語っていた。テレビ朝日とＮＨＫ－ＢＳが生中継をしたが、試合内容の実況を別とすれば、何がアジアカップで起こっているかを隠蔽したファシズムのような報道だった。

テレビ朝日は七月二十日の中継で、重慶スタジアムの中国人観客のすさまじい日本代表へのブーイングを「オマーンサポーターがたくさん来ています」と中国の反日活動を打ち消す実況に終始した。「中国では中東のチームが人気だ」と解説者がコメントする醜態まで曝したのだ。

すでに三年前の平成十三年（二〇〇一）、ユニバーシアード北京大会で、日本はどの競技でも、相手が中国でなくても、すさまじいブーイングと一方的な敵意を向けられていた。江沢民氏の反日政策の成果であるが、三年前の検証もできずテレビは嘘を流し続けた。

驚かされたのはNHKのより巧妙な情報操作だった。試合前の国歌演奏で〈君が代〉に激しいブーイングが浴びせられると、スタジアムの音声を絞り、ニュースやアジアカップのダイジェスト番組では、日本のゴールシーンに、あり得ない観客の声援をかぶせて放送していた。

これは明らかに放送法違反の犯罪であり、報道と言論の自由に対する悪辣《あくらつ》な挑戦なのではないだろうか？

劇的な逆転PK戦で勝利を飾った準々決勝のヨルダン戦で、NHKの実況はこう伝えた。「今日は静かな中での国歌演奏でした」

七月二十七日に『産経』が一面トップで大きくアジアカップの反日活動を非難し、

『読売』も二面で大きな記事でアジアカップを非難したことで、日本メディアが禁を解かれたようにアジアカップの反日をいっせいに報じ始めた矢先だった。

ＮＨＫの中国迎合報道は『朝日新聞』と双璧をなしているが、テレビの情報操作は検証が困難でいっそう悪質なファシズムに繋がる。実況はそう言って、日本で高まる反中国感情を牽制しようとしたのだが、このＰＫ戦の陰のヒーローであったキャプテン宮本恒靖のＷＥＢ上の日記が、ＮＨＫの捏造報道を瞬時に暴いてくれたのだ。宮本はこう書いていた。

「さよなら重慶　二〇〇四・〇八・〇一　ヨルダンとの試合は本当に厳しい試合になったよ。ホテルに帰ってきたけど、なかなか眠れそうにないから日記を書くことにするわ。アジアカップ、ここまでも難しい試合をやってきたけど、今日は一段と難しい試合になった。国歌演奏のときのブーイングは今日も激しかったよ。あの雰囲気の中で勝ちたいと思ったし、勝って重慶を去ってやるぞって思った」（http://tsune.way-nifty.com/diary/2004/08/post_2dd1.html）

中国の国益を最優先する『朝日』の〈広岡プレスコード〉

一方、『朝日新聞』の北京政府の広報機関のような体質はすでに四十年以上の歴史を持つ。元朝日新聞記者の上田泰輔氏が『正論』平成十六年五月号に発表した「周恩来に踊らされて親中路線をひた走った幹部たち」という精緻な論考で、『朝日新聞』の中国報道を支配する〈広岡プレスコード〉に言及した。

七〇年安保に対する朝日の社論策定が昭和四十七年（一九七二）年の「日中国交回復」を睨んだもので、当時の広岡知男社長が昭和四十五年（一九七〇）四月二十二日に「中国訪問を終えて」という署名論文を発表し、その論文が『朝日』の中国報道の原点になったことを論証している。

「せんじつめれば、中国の言い分を全部認めることが広岡流の日中国交回復の途ということになる。つまり、広岡論文は日中国交回復のプレスコードになってしまったのである」と上田氏は論拠を明確にした。

つまり、その後連載された本多勝一氏の「中国の旅」もこの〈広岡プレスコード〉に沿ったものだったのだ。「中国の旅」は南京虐殺という東京裁判のためのプロパガンダを改めて甦らせ、まるで南京虐殺を事実のような筆致で捏造したものだが、それ以上に中国全土での日本軍の残虐性を描き、日本軍＝悪、戦前の日本＝日本軍、という歴史歪曲から、戦前の日本＝巨悪という等式を導いていることも忘れてはならない。

つまり、〈広岡プレスコード〉は中国の対日戦略に沿った工作指令であると同時に、東京裁判史観とアメリカ占領軍ＧＨＱの占領政策を、戦後二十五年経ってから、さらに継続させせようという性格も帯びたものだったのである。〈広岡プレスコード〉は中国共産党とGHQのプレスコードを兼ね備えたものだったのだ。

アメリカに代わる、アジアの覇権国家として中国のアジア支配体制を今後増強させるためにも、『朝日新聞』にとって、占領憲法である日本国憲法は永遠不滅なものでなければならない。

『朝日新聞』の「靖国問題」に対する神経過剰な、中国にとっては演出過剰な報道も、中国の冊封体制に日本を置きたいという戦略から来ているのではないだろうか？

そう考えれば、現在の北東アジアを取り巻く情勢が、アメリカと中国の核を背景とする軍事体制の枠に縛られたもので、日本はそのパワーバランスの中でしかアイデンティティを主張できないという状況を、「日中国交回復」から四十年間の同時代史として歴史的に検証できる。

北朝鮮に対して個別的自衛権も行使できず、拉致被害者を自らの軍事力で救出できない日本は、中国の国益を何よりも優先する『朝日新聞』の〈広岡プレスコード〉に拉致されているのだ。言い換えれば、この反日の連鎖を解き放つことによってしか、日本の真の独立とアイデンティティの獲得はあり得ない。

中国に新たな〝火種〟を仕込む反日日本人弁護士

アジアカップの収穫は大きく二つある。一つはスポーツの価値を極限まで貶《おとし》められた大会で、日本代表が優勝することでスポーツを救済したことだ。日本代表のプレーが謀略と矛盾に満ちた北京の空の下で、サッカーとスポーツを救済する行為に高められた。

戦後、反日イデオロギーと歪曲史観によって貶められた〈君が代〉が、北京の工人体育場で激しいブーイングと罵声を浴びせられることで、逆にスポーツと一緒に価値を高められたのだ。反日ツールとして貶められていた〈君が代〉によって、反日構造の深部を象徴する映像を浮かび上がらせることができたのだ。

もう一つは、反日構造の実態が露《あらわ》にされたことだ。日本と中国を結ぶ反日の連鎖に、これだけ目が向けられたことはなかった。重慶の異様な反日ムードは赤い服を着た集団が扇動していたが、共産党公認の反日団体だ。

『朝日新聞』は、「日本への悪感情が残る重慶で試合をする限り、場内が相手びいきになるのはやむを得ないのだろう」とあくまでも中国を擁護し、日本に非があるような書きぶりだったが、これには理由があった。

アジアカップ開会を三日後に控えた七月十四日、『人民日報』にこんな記事が掲載された。

「『重慶大爆撃』中国側弁護団の日本人弁護士が決定

旧日本軍による『重慶大爆撃』に対する賠償請求訴訟の原告団は、このほど、重慶市渝州中小企業法律サービスセンターと業務委託に関する合意書に正式に調印し、重慶に対する五年にわたる野蛮な爆撃について日本政府を起訴し、民間被害者への賠償を求める中国側弁護士団の組織を委託した。

同センターの甘暁静主任の説明によると、旧日本軍による『重慶大爆撃』の被害者は五万人以上で、現在は四百人以上が賠償を求めている。被害者の平均年齢は六十代で、最高齢者は九十歳余り。中国側弁護士団の人数は二十人以内となる予定で、弁護士団の首席弁護士は西南政法大学の凌剛・民商法助教授に、特別法律顧問は同学の李金栄・国際法教授にすでに確定した。

原告団の陳銘秘書長によると日本側の弁護士もほぼ確定している。日本の一瀬敬一郎弁護士が原告団の訴訟委託を受け入れ、八月ごろに重慶を訪れ、中国側弁護士団と打ち合わせや証拠収集を行う予定」

この記事は日本軍の重慶爆撃の被害者の動きを伝えているが、これを支えるのが一瀬敬一郎氏という日本人弁護士だ。反日活動で有名なこの弁護士は、これまでも七三一細菌戦被害者原告訴訟団日本法律事務所事務局長を担任している。当然、日本からのマッチポンプとなって、これから中国はまた新しい外交カードにするつもりだ。そもそも重慶爆撃の被害者は二千人と発表されていたのだ。

『朝日新聞』も私の予感では今後、南京や遺棄毒ガスに続く反日キャンペーンに利用するのではないだろうか？　この弁護士の動きは大きく重慶の地元紙『重慶晨報』にも掲載された。

「訴訟団団長高原は言う、『我々は正義と平和のために賠償請求をするのだ。もし賠償請求が成功するならば、私とその他大勢の被害者が獲得できた賠償金は重慶大爆撃記念館建造や、我々よりもさらに貧しい人への援助に用いる』。

この七十歳を過ぎた老人たちは記念館建造を非常に希望している。彼らはそれによってさらに多くの若者に歴史を銘記させられると思っている」

こういった反日構造は、江沢民氏が九〇年代から実施した愛国教育という反日洗脳工作をそのまま継承したものだ。これから日本に金をたかって、その資金で爆撃記念館を作ろうという計画がある。これは、南京記念館に始まる中国の反日運動の拠点を全土に展開しようという共産党の戦略の一端である。

目を覆いたくなるような嘘の数々

面白いことに、反日運動が大きく世界的に報じられたあと、中国のメディアと『朝日新聞』などが、その原因を日本に求める同じ論調の報道で火消しに躍起になった。

大会中、世界中で中国の反日騒動とスポーツ大会をオーガナイズする能力に疑問を持つ報道が相次いだため、共産党の機関紙『中国青年報』は七月二十九日に「北京五輪が待っていることを忘れるな」と異例の警告記事を掲載した。

「スポーツと政治を混同するな」「市民の不満は、おもに日本の右翼勢力の劣悪な行為のため」「行き過ぎた民族感情のなかで報復の快感を味わったかもしれないが、スポーツの尊厳を損ない、本来の意義を失わせる」という内容だが、大会直後の八月九日に掲載した記事で、従来の反日の連鎖を解消する気など毛頭ないことを共同電が伝えてくれた。

「靖国参拝のたび反日激化　中国紙が論評

【北京九日共同】中国紙、青年報は九日、サッカーのアジア・カップの応援をめぐる論評で『中国人の反日感情の悪化は最近二年間のことであり、小泉純一郎首相が靖国神社を参拝するたびに激化している』と指摘した。

論評は、一部日本メディアが中国人ファンを『無礼で低レベル』と批判し、反日感情の理由を中国の愛国主義教育にあるとしたと指摘。『サッカーの試合を政治化している』と反発した。また反日感情の理由は、歴史を軽視する日本の風潮にあるとし『ファンの叫び声を無礼と言うが、小泉首相が靖国神社のA級戦犯に頭を下げる時、中国の国民が（日本に）最も耳が痛い叫び声を上げているのを知らないのだろうか』と皮肉った」

この『中国青年報』の記事をこの文章と比べてみよう。

「重慶や済南での『反日』騒動には、むろん日本の中国侵略という歴史的な背景がある。とくに重慶は、日本軍機の無差別爆撃によって膨大な数の市民が犠牲となった。日本の若者たちも、この事実を知っているかいないかで、騒動への見方が変わってくるだろう。

小泉首相の靖国参拝や尖閣問題、加えて日本人による中国での集団買春など、中国側からすれば感情をさかなでされるような出来事には事欠かない。若者に高まりつつある大国意識や江沢民時代の『愛国教育』の影響もあるだろう」

これは『人民日報』の記事ではない。平成十六年（二〇〇四）八月五日付の『朝日新聞』の社説の一節だ。

最初は、日本メディアもブーイング無視から始まり、ブーイングが知れ渡るようになると、今度はブーイングの原因を「有名選手を帯同しなかったから」とか、「中国では中東のチームが大人気」など、目を覆いたくなるような嘘の数々を羅列した。

こうして、日本代表や日本人サポーターに対しての卑劣な妨害や、日本を侮辱する反日教育と人種差別に基づいた日本バッシングを隠蔽するように努めたのだ。

だが、『産経』や『読売』、そして外国メディアの報道により、日本人への嘘が通用しなくなると、逆に「日本が戦時中に迷惑をかけた」とか「靖国に参拝するからだ」などと、あくまでも中国擁護に奔走し、反日の連鎖に綻《ほころ》びが入らないように努めていた。

八月十九日放送のテレビ東京の『ワールド・ビジネスサテライト』では、「政冷」という言葉を解説した。「政冷」とは、政治関係の冷却を意味する中国の表現であるが、「政冷」状態が、日中経済関係に悪影響を及ぼしている。政治的関係が改善すれば、両国の経済関係はこれまで以上に発展し、新幹線の入札にも影響があると述べ、政治関係の冷却とは靖国参拝であり、政治関係が改善すれば、両国の経済関係は競争ではなく緊密な「日中経済共同体」になると言い放っていた。

この論理は、その後、『朝日新聞』も援用し、さらに九月以降の王毅駐日中国大使（当時）の発言にも「政冷経熱」という言葉が、まるで日中関係改善の標語のように何回も飛び出している。

日本の反日メディアの危険な報道は終わらない

ドイツ・ドュッセルドルフ在住の庄司悟氏のサイト「DJ-Sports.com」（http://www.dj-sports.com/）にアテネ五輪に関しての興味深いレポートがあった。

「前日のドイツチームの練習中、アジア系のカメラ部隊がスタンドに侵入し撮影しているのを発見したターナー監督が、自ら彼らの元に走り寄り、速やかに退場するようにと願い出ると同時に、〝どこの局か？〟と尋ねたら、〝日本の局だ〟と返事した。しかし彼らのIDカードには、はっきりと『CHN』の三文字が見えたと言っておりました。ちょうどセットプレーの練習中で監督はかなり激怒していたようです。……だが今日の八得点でセットプレーからのものはなく、盗み撮りは空振りどころか、獅子の尻尾を踏んでしまったようだ」

これはアテネ五輪女子サッカー・ドイツ対中国戦を生中継したドイツ第一公共放送の中継中のコメントだ。このような中国メディアの行動は絶対に日本では報道されないが、現にドイツでは事実を事実として報道するメディアの健全さは保たれている。

現在の中国を象徴する出来事なのだが、もっとも危険だと思えるのは、中国の実態を事実として報道しない日本メディアが、日本人を誤った方向へ誘導しようとしていることだ。ある意味、大東亜戦争中のメディアと変わらない危険があるのではないだろうか？

戦意高揚のために、『東京日日新聞』（現『毎日新聞』）は、「百人斬競争」というプロパガンダを行ったが、それが原因で汚名を着せられた日本人が、いまでも南京記念館や中国中の抗日記念館で、当時の新聞記事の写真を展示され、南京虐殺のシンボルとして反日プロパガンダに用いられている。

現在の媚中日本メディアの情報操作は、これから崩壊する可能性がある中華人民共和国の〈資本主義〉に寄り添う、戦意高揚の記事しか報道しないのだ。

報道の基準が、日本人や日本の国益にあるのではなく、賄賂《わいろ》と接待と時代錯誤のイデオロギーにあるのだとしたら、再び日本人を「暗黒大陸」（ラルフ・タウンゼント）の彼方へ、死地に赴かせようとするプロパガンダでしかない。

ステファヌ・クルトワは『共産主義黒書』（恵雅堂出版、二〇〇一年）の序「共産主義の犯罪」で、二十世紀が空前の暴力の世紀であり、そしてこの世紀に現実に存在するにいたった共産主義体制は、「組織的な抑圧が統治形態としてのテロルにまで導入された」ものであったと指摘している。「中国では毛沢東が中国全土を支配してから六千五百万人が虐殺された」（前掲書）のだ。

マルゴランが「無政府主義的全体主義」と命名した「文化大革命」は、二十一世紀になっても江沢民氏の反日愛国主義と形を変えて、中国の民衆を扇動するプロパガンダとして機能している。

文化大革命の壁新聞は、現在のインターネット掲示板に他ならない。自由に書かせているという名目で、中国共産党体制を守ろうとする政治宣伝と世論操作のツールになっているのだ。

八月十九日、『朝日新聞』朝刊に「日中とも気高い現代人に」という朝日新聞コラムニストの船橋洋一氏の文章が掲載された。途中までは『朝日』らしからぬ客観的な論調で、冷静に現在の両国関係を述べていたのだが、文末はこう結ばれていた。

「中国が日中協調の対日新思考外交を進めやすいような環境をともに醸成する。手を携えて、歴史和解プロセスを始める。そろって『気高い現代人』の人間の鎖によって信頼と和解を築いていく。戦後六十周年に当たる来年をその起点の年としたい。そうした大きな構想と国益のためにも、首相は靖国神社に参拝しないと明確に表明するのが望ましい」

明らかにこの文章は、途中からまるで書き手が代わったような歪《いびつ》な論理展開を見せ、前段の客観的な分析を完全に無視する結論に導かれている。この文章の最後の部分だけが、まるで〈呪文〉のように、『朝日』と中国からその後も繰り返し発せられている。

平成十六年（二〇〇四）十月には、「首相が靖国参拝さえ止めれば、すべての日中関係の障害は取り除かれる」とまで中国外交部のスポークスマンは言うようになったが、逆に日本のほうが〈靖国〉を外交カードにしてしまったかのようだ。だが、『朝日新聞』はこの期に及んでも、〈広岡プレスコード〉の呪縛から逃れられず、日本を危険な道へ陥れようとしているのだろうか？

平成十六年九月に江沢民氏が失脚し、胡錦濤《こきんとう》氏が中央軍事委員長に就任し、共産党内の権力を磐石なものにした。

しかし、胡錦濤氏は過酷なチベット弾圧で共産党内の出世を実現させた強権論者だ。趙紫陽氏の軟禁状態は解かれず、それどころか、胡錦濤氏は平成十六年十月十七日に、全国の大学生を重点に愛国教育、つまり〈反日教育〉の強化を指示している。

中国の「反日」には終わりがなく、それにおもねる日本の反日メディアの危険な報道も終わりはないようだ。

第九章

殉職――外交官・奥克彦氏と井ノ上正盛氏の「日本」

ぼくはアメリカ人に、お前の国でも十メートル四方くらいずつ基地をよこせ、とよく冗談を言うんです。サンフランシスコ、ロサンゼルス、ワシントン、ニューヨークあたりに一人ずつ自衛隊員を置いて、責任をもって守ってやる。それをやらなきゃだめだ、といっているのですが（笑）。

日本の防衛義務というのは、国際的義務なんです。自民党の言い方は逆なんで、だからウソだ、ウソだ、ということになる。

（三島由紀夫）

アームズ・パークで弾けた封印

その日、ウェールズの首都、カーディフは異様な熱気に包まれていた。直前の試合で強豪クラブチームに完勝した日本代表が、ウェールズ遠征の総仕上げとなるウェールズ選抜とテストマッチに臨むことになっていたからだった。

テストマッチとは、ラグビーで国と国の代表が〈名誉〉を賭けて戦う、もっとも権威ある重要な試合のことを指す。英国連合に属しながらサッカーではなくラグビーを国技とするウェールズの人々にとって、極東の日本チームが果敢なラグビーを仕掛けてくることは驚愕《きょうがく》だった。

日本のラグビーファンも衛星中継で試合を見守っていたが、この大試合をライブ観戦できた幸運な日本人の一人にイギリス留学中の外務省職員、奥克彦氏がいた。

一八八八年、十九世紀に最初のウェールズ対アイルランドのテストマッチが行われたアームズ・パークに足を踏み入れた二十五歳の外交官は、息を呑んだ。歴史と伝統が醸《かも》し出す競技場の威容に圧倒されると同時に、外交官を目指して早稲田大学ラグビー部を二年の夏合宿で退部してから封印してきた何かが、心の中で弾け飛んだのだ。

外務省入省後、オックスフォード大学に留学していた奥氏は、同時期オックスフォード大学に留学していた浩宮徳仁親王（現・皇太子殿下）の御用掛《がかり》にもなり、充実した日々を過ごしていた。そんな多忙な公務の疲れを癒《いや》してくれたのが、イギリスで久しぶりにラグビーに触れることだった。

一九八三年十月二十二日、四万人の大観衆を呑み込んだアームズ・パークで、奥氏は日本フィフティーンの素晴らしいラグビーに酔いしれた。

後半になって日本がウェールズをじりじりと追いつめ出したので、観客席から日本選手への拍手と声援が止まり、まるで強豪国との試合のようにウェールズ国歌の大合唱が始まった。それは、ウェールズが必死に日本と戦っていた証左である。結局、二十九―二十四で日本は惜敗するが、日本ラグビー史に輝く試合となった。

ラグビーをバネに、仕事に邁進したロンドン時代

テレビ東京の実況中継で解説を担当したのは、当時住友銀行ロンドン支店に勤務していた元日本代表の天才スクラムハーフ、宿澤広朗《しゅくざわひろあき》氏（元・日本ラグビーフットボール協会強化委員長・三井住友銀行常務執行役員）だった。

「奥がロンドンに着任してから僕たちは頻繁に会っていました。彼はラグビーを途中で諦めたことに負い目ではないけれど、残念だという気持ちが強かったと思います。念願の外交官になった歓びとオックスフォード留学で新しい世界が開け、そのときちょうどまたラグビーと出会えたんですね」

と早大ラグビー部で八学年先輩だった宿澤氏は振り返る。

「諦めたラグビーを取り戻したいという気持ちがあって、ラグビーのコミュニティに復帰したいという気持ちを強く持っていたと思います。ロンドンに来てからラグビーをやりだして、ロンドンで少しずつ増え始めた日本人のラグビーの仲間の中へ入っていき、日本から来る早稲田や日本代表のチームに付き添っていました。

彼にとって、ロンドンの二年間は、ラグビーのコミュニティに復帰するいいきっかけだった。外国での仕事と生活の傍らラグビーに接したほうが良かったし、ラグビーで何かやりたいと思った気持ちはずうっとラグビーを続けていた人より強かったんでしょう」

奥氏は喪《うしな》ったラグビーを恢復しようというモチベーションをバネにして、外交官の仕事に邁進した。つまり、人生において、仕事と趣味を二元論として対立させる従来の日本官吏のライフスタイルをごく自然な形で捨て去ることができたのだ。

結果として、彼は人生を欧米風のライフスタイルに近似させることができたし、脱日本的な生き方がそのまま外交官としての彼の可能性を示していた。

「日本人と欧米人の海外滞在での大きな違いは、そのまま外国に住みたいと思う外国人と、いつか日本に帰ると思う日本人の差です。しかし、奥などは住み着いちゃうタイプだった。あれだけイラク人に好かれ、アメリカ軍にも信頼されたのも当然です」

と宿澤氏は目を細めた。

早大ラグビー部の後輩だった西岡晃洋氏は奥氏をこう語る。

「三年前に卒業してから二年間ロンドン大学とオックスフォードに留学したんですが、ロンドンでお世話になりました。豪快ではっきりした人でした。生き方がチャレンジングでアグレッシブで、外国で人と会ったら、自分を売り込め、白人に対してたじろがないで、といつも言われました」

また、外務省経済局国際関係経済第一課で、部下として二人三脚で働いた経験のある中村仁威氏もこう回顧する。

「奥課長は滅多に怒らない人だった。ただ、怒って部下を叱りつけるときは、不誠実なことをしたときだった。成果が出なくても懸命にやった人は怒らなかったが、手を抜いたり人間として不誠実なことをしたときは、これ以上ないというほど厳しかった。

部下は二十数名いて、毎日夜一時、二時まで普通に仕事をしてそれで満足をしていると、みんな周りが見えなくなる。そんなときに奥さんは斜に構えてそういう状況に溺れて全体が見えなくなっていた部下たちの目を醒ましてくれたんです。彼は私たちにも体当たりでした」

文武両道に秀でた二人

不思議なことに奥氏がアームズ・パークで日本代表のプレーに熱狂し、外交官として第一歩を踏み出した昭和五十八年（一九八三）に、宮崎県都城市で小学校五年生になった井ノ上正盛少年は「報道番組『アフリカ　飢餓地帯』をみて」という作文を書いている。

「このような苦しみの中にある人々をみるとぼくたち日本人は、あまりにもぜいたくすぎるのではないでしょうか。もし、ぼくたちがあのような食料ききにせまられたらどうでしょう。たった一つぶの米でも大切にするでしょう。（中略）このようなうえに苦しむ人々に少しでも、できることをしていかなくてはいけないとぼくは思いました。人の国のことと思っていても、それがいつかぼくたちの身にもせまってきているような気がしました」

まるで奥氏と井ノ上氏は運命の糸で結ばれていたかのようだ。その後、井ノ上氏が進学した宮崎県立都城泉ヶ丘高校の二、三年の担任だった英語教師、前川博志氏はこう語る。

「受験地獄最後の世代だったんですが、彼は驚くような努力家で根性があった。スポーツも勉強もできました。でも闘志を表に出さず飄々《ひょうひょう》として内に秘めた強い意志をもって学校生活を過ごしていました。とくに英語ができたんですよ。国立文系クラスのトップクラスで常に三本の指に入っていました。国際法をやりたい、語学を活かして海外に出たいと言っていました。実際、井ノ上君は外務省に入り、イラク支援で行ってそこでやられた。これ以上の不幸はない。怒りの持って行きようがないんです……」

井ノ上氏は小学校のときから少林寺流空手に打ち込み、中学一年で全国大会で優勝し、翌年も準優勝を果たした。熊本大学に進んでからも少林寺拳法部で活躍している。

奥氏と井ノ上氏の共通項は多い。二人とも創立百年になろうとする元旧制中学の名門県立高校を卒業し、文武両道に秀で、全国大会出場の経験がある。しかも、早いうちから外交官になろうという意志を確立していた。

スリークォーターバックとして兵庫県立伊丹高校時代から活躍していた奥氏は、花園の全国大会にも出場している。

奥氏の大学入学時を「優秀なヤツが入って来たと思ったので、注目していた」と宿澤氏は言う。大学時代のフルバックというポジションは十五人の一番後方に位置し、最終ラインの守備の要《かなめ》であると同時に、試合の全景を見渡せ、全体を視野に入れながら攻撃参加したときは、敵陣突破のポイントにもなる重要な役割が与えられている。

官僚組織の壁を克服

「問題意識が高い男でバイタリティに溢れていていてクレバーなヤツだった。ただ、行動的だったけど、ロンドン時代は外務省に入ったばかりでペーペーで何もできなかったわけです。それで、当時はラグビーの話ばかりしていた。彼にはラグビーへの未練があるんだと思った」

宿澤氏に奥氏が仕事の中身について話をするようになったのはだいぶ年月が経過してからである。

「外務省を辞めようと思った時期があったらしいんですよ。課長クラスになったころ、いや、十年以上前でしょうか……。思った部署に行けなかったこともあったでしょうが、省内で勤務しているとき、官僚組織の矛盾や自分の理想とは違ったものを見ていたのかもしれません。なんだかんだ言っても、東大出身でないと思ったとおりできないという日本の官僚組織の壁にぶつかったと思うんです。でもね、彼はそんなものを乗り越えた。そういうものを克服したからこそ、最期まで活躍できたんだと思います」

平成十五年（二〇〇三）十二月七日、二人の葬儀が行われた翌日の早明戦の早稲田の勝利を宿澤氏はこう見ていた。

「清宮克幸監督が早明戦の前に『いま、やらなければいつやれるんだ』というスローガンを学生たちに言い続けたんですが、追悼試合という認識がどこまで現役にあったのか、どこまで理解できたのかは疑問ですね。

純粋にラグビーとして語ると、あれだけ五万人の観客が来てくれた試合としては、かなり低レベルな試合だった。その目的を達成するための戦術と戦略があり、それを実行する上で集中力を高めるためにも奥君の追悼試合という意味合いがあったんですが、戦術と戦略が徹底されていませんでした。早稲田としてただ勝てばいいというのでは駄目なんですよ。日本のカレッジスポーツはどうあるべきか、アメリカみたいにプロの予備軍でいくのか、オックスフォードやケンブリッジみたいにリーダーを育てる方向でいくのか、と考えると後者だと思います。

日本の大学ではスポーツであれ、文化であれ、政治であれ、教育であれ、各分野でのリーダー育成が重要なのにそれができていない。各界にいろいろな人間を輩出するという価値があるのに、それが一番欠けている。

大学のクラブは教育の場ではなく、必死にやることでリーダー育成を学ぶ場です。そういう学ぶ場を提供することが大事で、提供するには勝利が条件です。勝つために、どうチームをまとめていくか、どうスキルを高めていくか、どう戦術、戦略を考えるのか、どう結束していくのか、ゲームでも相手がこう出たらどう対応するか、クレバーに考えることが重要なんです。ただ、勝てばいいってもんじゃなくて、早稲田が二連覇しようが関係ないんですよ。

こういう人がいた、奥みたいな先輩がいた、ということを選手たちが重く受け止めて、ラグビーを通じて、自分なりの志を持ってやろうという人がどれだけ出てくるかが大切だったんです。奥という先輩が死んだから二連覇しよう、というのは次元が低いと思うんです。ラグビー界だって、こういう人がいるんだってことを伝えられたと思う。森喜朗さんだけじゃないんだ（笑）。小沢征爾さんだってラグビーをやっていたんだ、ということが伝われば、奥も喜ぶと思うんです。

ラグビーはそもそも戦争の代替手段であるし、殺し合いをする代わりにグランドで格闘をするという側面も大きい。それだけ激しいスポーツでプライドを賭けて戦うわけで、試合後『ノーサイド』という言葉をラグビーだけが作ったわけです」

決断が遅い日本政府

宿澤氏が一気に語ってくれたのは、ラガーマンとしての奥克彦氏への深い追悼の念だ。浅薄なセンチメンタリズムを拒絶する宿澤氏の想いは、事件の表層だけを追い、政治利用しようとする一部メディアへの怒りと彼を喪った深い哀しみから来ている。

ロンドン時代の二年間で一番想い出に残ったことは奥氏が身近にいて、子供が彼に懐《なつ》いた記憶だという。そして、話がイラクに奥氏が赴任してからのことに及ぶと、宿澤氏の口調は憤《いきどお》りと嘆きを包んで重くなる。

「イラクへ赴任したとき、最初はさりげなかったです。メールが来て一カ月くらいイラクへ行くという長期出張みたいな感じでした。でも、イラクへ行ってみて、自分で全部やらなければ駄目なんだと感じたんだと思います。最初は応援へ行くっていうニュアンスでしたから。

　彼がイラクでやっていたことをいろいろな人から聞くと、政府の決断が遅れているんじゃないか、と思った。自衛隊派遣をするのかしないのか、はっきりさせなかったし、要するに、イラク支援をする、中東にコミットするんだということなら、どういう支援であれ、誰を派遣するのであれ、ある程度のリスクを覚悟しても支援をするのか、または完全に安全を確保してから人とお金を出すのかの決断が遅かった。状況を見て判断をするという隙を衝かれてテロを起こされたとしたら、非常に残念です。

　いまの議論を聞いていると、『行く』という決断をするのか、しないのか、結論が出ないのなら初めから何も言わなければいいと思います。だから動揺しているところを狙われたということだったら、本当に残念です。

　物事って、検討してから決断する案件と、決断してからそれを遂行するために最善の策を検討するものと二つあると思います。今回は間違いなく、最初に決断がなければ駄目なものです。奥があいう事件に遭って死を無駄にするなと言っても、最初に決断がなされていなかったのなら、到底受け入れることはできない。それが僕には重たい。

　清宮監督は奥と歳も近かったし、人目を憚《はばか》らずに泣いたって報道されていますよね。

それはそれで、そういう受け止め方もいいんですが、僕の場合はカアッとしたものでなく、ズシンと重いものなんです。何かモヤモヤして受け入れられない部分がある。要するに誰が決断をするんだ、決断とは何なんだ、ということが不明確で、それが重いんですよ」

国家意思を持てない国家

宿澤氏の深い嘆きはまさに戦後日本を象徴するものだ。誰が決断をするのかという主語を探し倦《あぐ》ねている間に、奥、井ノ上両氏が殺されたのではないかという絶望なのだ。国家意思を持てない国家。持てたとしても、その国家意思の薄弱さは目に余るものがある。もちろん、二人の殉職がテロであると断定できたわけではない。あらゆる可能性が排除できないのだが、それでも〈決断〉が早く下されていたら、平成十五年（二〇〇三）十一月二十九日の殉職を回避できた可能性は高くなっていたはずだ。

これは小泉首相個人の資質だけの問題ではなく、戦後日本がシステムとして抱えた矛盾と制度疲労の裂け目から噴出した根本問題であり、それが〈決断〉する人間が去勢されているという平成日本の現状なのだ。宿澤氏はこう続ける。

「そうなんです。決断する人がなんて少ないんだろうと思った。民間でも決断のスピードが求められる時代なのにもかかわらず、国は何をやっているんだと。もし、決断を遅らせた理由が選挙だったのなら、もっとおかしいと思う。

彼は後輩であって、三十年近く知っていた人間です。高校時代の友人にしても、ラグビー仲間にしても、ちょっと知ってる人でも相当にショックだったんですよ。この前の葬儀でも一般の人がずいぶん参列しましたね。ちょっと彼にかかわった人でもあれだけのショックを受けていた。そういう死は、いままで見たことがないです。ウチの家内も父親が亡くなったときと同じで、肉親以外でこんなに悲しいことはないって言うんです。みんながそういう印象を持ったということは、割り切れなさがあるからですね」

奥氏も井ノ上氏も名誉と誇りのために苛酷な業務に勤《いそ》しんでいた。しかし、国が、日本国民が、その名誉と誇りを保証できないほどの悲喜劇がいったいどこにあるのだろうか。

「奥もそういうことを感じていた。彼の行動パターンから考えれば絶対そうです。彼は一度ラグビーで挫折した後、ラグビーにコミットメントを高めたロンドンでの二年間がその後の異常なコミットメントに繋がった。異常というのはいい意味で、普通の人はできないという意味です。奥にはラグビー協会の理事もやって貰いたかった。結局、責任感がなければできないんです。

僕だって日本代表の監督を引き受けたとき、普通だったらやっていられない状況でした。戦力が整っていないときになぜ引き受けるのかと言われました。会社でも日本代表監督は名誉なことだけど、銀行にとってはマイナスだとはっきり副頭取に言われた。しかし、断るわけにもいかなかった。火中の栗を拾うのは、打算ではなく、好き嫌いというレベルでもないんです。それは決して損得ではない。

奥も同じだったと思います。なんで引き受けるのかといえば、義務感と〈名誉〉。それしかない。どういう価値観を持って仕事をしてるのかということです」

将来の希望は「外交官一筋」

井ノ上正盛氏は故郷に近い熊本大学で学生時代を送った。熊本大学時代の恩師、竹内重年氏（明治大学法学部教授）はこう回想する。

「私のゼミの学生ではなかったんですが、熱心に研究室に訪ねて来てくれた。穏和な性格で勉強熱心、芯が強い学生でした。内に秘める志は高かった。学生の頃からとりわけ、国家、社会へ尽くしたいという志を持っていた。入省後も近況をよく知らせてくれた。本当に惜しい人間を亡くしたと思う。

なかなかいい男で女子学生にもてた。最初に憲法の講義を受け持ったとき、答案用紙の余白にメモを書いてくれて、先生の話を聞いて法律を身近に感じるようになりました。法律をもっと勉強したい。法を通して世界の平和に貢献したいというようなことを書いていたんです。そういう学生はそんなに多くないのでキラッとしたものを感じました。研究室を訪ねてきていろいろな話をするようになり、個人的な接触が始まったわけです。

とくに印象深く思い出すのは、進路の相談を受けたときです。彼は早い時期から外交官になりたいと思っていて、だから、憲法とか、国際法も得意で語学も一生懸命やっていた。誰でも実際に社会に出ようとするとき迷うんですが、彼は成績もいいし可能性もたくさんあった。宮崎県庁にも受かっていて、地方公務員として働く可能性もあったんです。

『官僚の世界はなかなか厳しいし、東大でもないし、井ノ上君どう考えてるの？　相当辛抱がいるよ』と言ったんです。そうしたら、『より国家社会に尽くせるのは外務省だと思います』と彼は答えた。

『職業は各人の特殊性の表れだから、個性を活かして貢献し、職業に懸命になることで自己の成長にも繋がる。大きく成長するのには広い舞台でやるほうがいいだろう。君は語学もできるし、やる気があるから、外務省でも通用すると思うよ』と言ったんです」

ときどき言葉を詰まらせながら、ゆっくりとした口調で、竹内氏は井ノ上氏を慈《いつく》しむように語り続けた。

「彼は国際法を専攻していた。国際間のことを考える以前に我が国のことを理解していなければならないということも彼は分かっていました。インターナショナルになることは得てして国家を無視することのように思われますが、国家あっての外交であり、国際法だから。

よく憲法の授業で在日外国人に選挙権を与えようという人の話をすると、若い人は人間として当然ではないかと思う人もいるけど、井ノ上君はそういうタイプではなかったですね。きちんとした国家観と憲法と国際法を比べながら論理的な説明ができる人でした。

将来の希望が外交官一筋だった井ノ上君が合格したときは嬉しかった。『非常に重要な任務なのでそういう自覚を持って、自重して、東大法学部からいっぱい来る人の中に入って、あいつ駄目だと言われないように一つ得意な語学を磨いてほしい。スペシャリストとして、専門能力については日本一だと言われるように努力しろ』と言ったんです。そうしたら、彼はそのとおりに聞いてくれたんです」

ここまで語ってから竹内教授は沈黙した。自分の教えどおりの人生を歩んでいた優秀な教え子の死は、ドイツ法の権威である竹内氏の胸を抉《えぐ》ったに違いない。

志を持って下積みの仕事をする

再度、口を開いた竹内氏は追憶をこう続けてくれた。

「熊本大学の伝統には剛毅朴訥《ごうきぼくとつ》というものがあって、優秀な第五高等学校の伝統が生きているんです。池田勇人、佐藤栄作、私の恩師の最高裁判事になった田中二郎さんらを輩出し、夏目漱石やラフカディオ・ハーンが教鞭を執《と》った雰囲気がいまでも残っています。

井ノ上君もそうした校風に憧れて入って来た学生だった。いろいろ受験して、行く学校がないから来たというわけでなく自覚した学生だった。伝統が生きる大学だと思うし、大学が彼を生んだと言えると思います。もちろんご家族の家庭教育の影響もあるでしょうが……。

志を持って、しかし、そのために下積みの仕事もやる、ということです。思考様式、行動様式は硬派でしたね、少林寺拳法をやっていたし。

『外交官として華々しいところで仕事をするより裏方に徹してほしい、若いときしかできないのは語学と恋愛だ』と講義で言ったら、それを憶えていて外務省に入った後、手紙が来て、いまは恋愛はできませんと書いてきたんです。

『人のやらないことをやれ』と言ったら、アラビア語を選んだわけです。『自分でなければできないことを自信を持ってやれ』と言っていたんです。『役所に入った後も立身出世を考えず、恐れず求めず自分の力でやりなさい』と。

井ノ上君がどういう人かと取材で聞かれれば、いまは流行《はや》りませんが志があった人だと言うことにしています。惜しいというか、悔しいというか……。新聞に出た『この戦争はおかしい』という彼の発言の意味は、自分の本心はイラク社会をよくするために献身するんだということだと思います。

殉職です。職業に懸命になった結果で、志半ばで倒れたわけですが、その時点で職業を超越したんだと思います。地ならしの段階で死んでしまったやりきれなさが残ります。テロの犯人がどういう人か知りたい。事件を知ったときは、ただ、悲しいと思っていたが、非人道的なテロにだんだん憎しみと憤りが出てきて。事件以来、すっかり体調も崩してしまって……。

自分の進路を決めてそのとおり行けるだけでも選ばれた人ですね。貫徹した人です。最終場面で人生の闘いに至って、志を貫徹し重要な任務を担って、得意の語学を活かせて立派な人生だったと思います。教え子が私より早く亡くなることは辛いです。本当に辛いです……」

竹内氏は声を震わせ嗚咽《おえつ》した。彼は、早稲田で奥氏に法律を教えた佐藤英善早大教授と偶然知り合いだということもあり、イラクへ向けて、何か、奥、井ノ上両氏のメッセージを発信できないかと検討中だ。

葬儀の日に全国公開された『ラスト サムライ』

井ノ上氏が学んだ熊本では、西南戦争の前に神風連の乱が起きた。明治初期の一連の士族の反乱であるが、「西洋化＝近代化」という命題を近代日本は運命として引き受け、その帰結としての悲劇的な内戦であった。

この神風連の乱や西南戦争が、ちょうど二人の葬儀の日に全国で公開されたアメリカ映画『ラスト サムライ』の主題となっていたことはきわめて暗示的だ。

映画では西郷隆盛をモデルにした勝元が、官軍の軍事顧問だったアメリカ人、オールグレンとともに、大村率いる機関銃を装備した官軍に日本刀と弓だけの総攻撃を仕掛け、壮絶な戦死を遂げるのだが、捕虜だったトム・クルーズ扮するオールグレンが、じょじょに勝元たちの生き様と武士道に魅了され、反乱軍と一緒に戦うまでの過程が興味深く描かれている。

公開後、日米両国で絶賛されて大ヒットしたが、まるでこの映画は、宿澤広朗氏が嘆いた〈決断〉と〈名誉〉の欠如した日本へ、ハーバード大学でライシャワー教授から日本史の教えを受けたエドワード・ズウィック監督が贈る、檄《げき》文のように思えてくる。

ズウィック監督の力強いメッセージは、日本が明治維新の近代化で喪ったものを再評価し、近代を超える思考様式が日本の伝統や武士道の中に見出せるのではないかという、ポストモダンの先への問いかけである。そんな彼のベクトルは、当然、遡及的《そきゆう》に、かつ論理的に、よりラディカルな告発となる。

つまり、大東亜戦争後にアメリカによって断罪された日本の価値の再評価と東京裁判史観の批判であり、日本という国家が何事も主体的に〈決断〉できない現状への檄なのである。その檄は昭和四十五年（一九七〇）十一月二十五日の三島由紀夫の「檄」に連なる。

「われわれは戦後の日本が経済的繁栄にうつつを抜かし、国の大本《おおもと》を忘れ、国民精神を失ひ、本を正さずして末に走り、その場しのぎと偽善に陥り、自ら魂の空白状態へ落ち込んでゆくのを見た。政治は矛盾の糊塗《こと》、自己の保身、権力慾、偽善にのみ捧げられ、国家百年の大計は外国に委ね、敗戦の汚辱《おじよく》は払拭《ふつしよく》されずにただごまかされ、日本人自ら日本の歴史と伝統を瀆《けが》してゆくのを、歯嚙みをしながら見てゐなければならなかつた。

われわれは今や自衛隊にのみ、真の日本、真の日本人、真の武士の魂が残されてゐるのを夢みた。しかも法理論的には、自衛隊は違憲であることは明白であり、国の根本問題である防衛が、御都合主義の法的解釈によってごまかされ、軍の名前を用ひない軍として、日本人の魂の腐敗、道義の頽廃の根本原因をなして来てゐるのを見た。もつとも名誉を重んずべき軍が、もつとも悪質の欺瞞《ぎまん》の下に放置されて来たのである。自衛隊は敗戦後の国家の不名誉な十字架を負ひつづけて来た。自衛隊は国軍たりえず、建軍の本義を与へられず、警察の物理的に巨大なものとしての地位しか与へられず、その忠誠の対象も明確にされなかつた。（中略）

アメリカは真の日本の自主的軍隊が日本の国土を守ることを喜ばないのは自明である。あと二年のうちに自主性を恢復せねば、左派のいふ如く、自衛隊は永遠にアメリカの傭兵《ようへい》として終わるであらう。（中略）生命尊重のみで、魂は死んでもよいのか。生命以上の価値なくして何の軍隊だ。今こそわれわれは生命尊重以上の価値の所在を諸君の目に見せてやる。それは自由でも民主主義でもない。日本だ。われわれの愛する歴史と伝統の国、日本だ。これを骨抜きにしてしまつた憲法に体をぶつけて死ぬ奴はゐないのか」

驚いたことに、四十二年前に発信された三島由紀夫のメッセージは、三十四年後にズウィック監督の『ラスト サムライ』としてアメリカから返歌を受けたのだ。『ラスト サムライ』のコンセプトは、ほとんど三島由紀夫の「檄」のアナロジーと言っても過言ではない。

東部方面総監室を占拠し割腹自殺を遂げた三島由紀夫は、死の三カ月前に『諸君！』（昭和四十五年九月号）に発表した「革命哲学としての陽明学」で、西郷隆盛の決起を陽明学的知行合一の行為と位置づけ、昭和四十四年（一九六九）の『奔馬』では、主人公の飯沼勲が神風連の乱の影響でテロリストになる軌跡を描いていた。

東京裁判でA級戦犯の汚名を着せられた大川周明は戦後完璧に抹殺された思想家だが、彼は大正十一年（一九二二）に著した『復興亜細亜の諸問題』や名著『回教概論』で、日本とイスラム社会との連帯も模索していた。

このように、戦後日本の価値観を大きく転換させることで、日本の中東政策の今後に新たな視野も獲得できる。主体性と国家意思を取り戻せば、日本は、アメリカと異なるイスラムへ向けたアプローチも可能になるのだ。

そんな手掛かりをズウィック監督がアメリカから示してくれたのだが、奥氏と井之上氏の二人がこの映画を観たら何を感じたであろうか。

二人を殺した日本国憲法

当時、金正日が日本人拉致を認めて二年以上が経過したにもかかわらず、拉致問題は解決の兆《きざ》しも見せなかった。日本は個別的自衛権も発動できないまま、六カ国協議という極東田舎芝居の舞台で、アメリカと中国のパワーゲームに翻弄《ほんろう》されて力無く遊《ゆう》弋《よく》するだけだったのである。

まさに、この状況が宿澤広朗氏が憤った〈決断〉の不在の結果であり、原因でもある。結局、日本国憲法という呪縛を解かない限り、日本は日本人の生命を守るどころか、主体的な意思さえ保持できない。

日本国憲法が想定する国家像をもっと精緻に考えてみよう。そうすれば、三島由紀夫が死をもって訴えた九条の矛盾どころか、憲法前文の問題点までが詳《つまび》らかにされる。つまり、我が国がどうやって主権国家として存立していけるのかという、国家の生存権まで危機に瀕しているという、本当の姿を日本人は自覚しなければならない。

日本人個人の〈名誉〉と誇りをあえて国家に連結させるという作業は、じつは、私たちが喪われた日本という国家を取り戻す行為に他ならない。それほど、倒錯した状況に日本が置かれているということだ。二人を殺したのは日本国憲法なのかもしれない。

イラク戦争開始直前に、バグダッドで井ノ上氏が人間の盾に帰国を説得する場面に居合わせたフリージャーナリストの安田純平氏はこう言う。

「平成十五年（二〇〇三）三月七日に、日本大使館が閉鎖される直前にバグダッドの日本大使館で彼に会いました。井ノ上さんはＴシャツだったので、てっきり新しく入ってきた日本人の人間の盾だと思いました。バックパッカーのような、その場にいることを楽しんでいるような雰囲気でした。イラク支援のＮＧＯの受付がホテルにあったんですが、あれはバース党で酷《ひど》いフセイン政権を支えていた人たちだから気をつけてと言われました。

取材ビザの獲得は難しかったので、私は人間の盾としてビザを取ってイラクに入りました。井ノ上さんはどこまで本音だか分かりませんでしたが、「この戦争はおかしい」と言っていた。その言葉が『東京新聞』に私のコメントとして掲載されたんですが、もう一度会って、イラク戦争をどう考えていたのか話をしたかった。

フセイン政権が倒れてイラク人がこの戦争を待っていたと言う人がかなり多かったし、いまの現状をどう思っていたのか知りたかったですね。私は、イラクの民間人の死体が転がっている前で、アメリカは良くやってくれたと言っている人を大勢見てきたので、一口にあの戦争はおかしいと言えないと思っています。そういうところは現場を知らないと分からないと思うんですよ。

彼の死は本当に辛かった。黒塗りの四駆で走っていたというのは狙ってくれと言っているようなものです。すぐ後から米軍のクルマが来たので、強盗がそれを見て逃げたという可能性もあるんです。実際、クルマに併走され銃で撃たれるということはイラクでよくあることです。メルセデスなど高速で走れる車が銃を乱射しているという話です。

地元の反米感情とテロリストの犯行とはまったく違うので報道もきちんと伝えなけ

れば駄目ですね。手榴弾なんかその辺の店で四、五十ドルで売っているので、その気になれば米兵を殺すのは簡単なんです。

だから、大掛かりな自爆テロはまったく一般住民の反米感情とは違うもので、他国のテロリストやフセイン政権の残党が起こしていると考えたほうがいいでしょう。自衛隊がイラクへ行ったら、空手や剣道をイラク人に教えればいいんです。そんなことをしたら大人気になりますよ」

派遣する自衛隊員の死を待っているのは一部の日本メディアではないか、と私が水を向けると、「平和団体や反戦団体といわれている人たちにそういう傾向があるのはおかしい」と安田氏は答えた。

時代遅れのルールブック

日本の一部反日メディアの偏向はすさまじいものがある。滑稽なのは「Ｗｅｂ現代」というサイトだ。平成十五年（二〇〇三）暮れに「自衛隊派遣で日本は徴兵制になる！」と臆面《おくめん》もなく無知を曝《さら》け出した見出しの記事で「派遣決定は撤回すべきだ」というアンケートを取っていたが、回答は圧倒的に「撤回すべきでない」に集中し、ＹＥＳは四六一票、ＮＯは三八六一票という結果になった。

ＮＨＫの平成十五年（二〇〇三）十二月の世論調査では基本的に自衛隊派遣に国民

の七〇％が賛成しているが、なぜかメディアでは国民の多数が反対しているというコメントが発信される。

テレビ朝日では十二月十日のニュース番組で、テロを非難するバグダッド市民のデモが反米デモとして紹介された。

また、『朝日新聞』は、女性が単独で自衛隊派遣反対の署名活動をしていると報じたが、投書欄「声」に同様の投書があり、やらせ報道の可能性もネットで指摘されている。

メディアを比較すればいいのだが、イラクを統治していたＣＰＡ（Coalition Provisional Authority）を『読売』『産経』『日経』は直訳の「連合国暫定当局」と表記していたのに、『朝日』と『毎日』は、なぜかそれぞれ、「米英暫定占領当局」「米英占領当局」と表記していた。受け手はメディアの隠された意図と情報操作の仕組みを読む必要がある。

奥克彦氏と井ノ上正盛氏は、イラクで〈テストマッチ〉に臨んでいた。しかし、日本は彼らが〈名誉〉と誇りをかけて戦える〈テストマッチ〉のルールさえ彼らに教えず、時代遅れのルールブックしか手渡すことができなかった。そのルールブックの前文にはこう明記してある。

「平和を愛する諸国民の公正と信義に信頼して、われらの安全と生存を保持しようと決意した」（日本国憲法前文）

この時代遅れの、日本国憲法という名のルールブックでは、日本は主体的に日本国民の生命と安全を守ることさえできないのだ。

「平和を愛する諸国民」という文言が限りなく空疎《くうそ》なのは、主語が一人称でないことによって、ほとんどカルト宗教の経文の類になっているからだ。

これは、「平和」という名の戦闘力の高い武器で、日本を「諸国民」が抑圧し続けるというメッセージに他ならない。日本人は国家主権を諸国民に預けようとでも言っているのだろうか。

自衛隊派遣を閣議決定した記者会見で、小泉首相が日本国憲法前文の他の部分を引用したのは、あまりにシニカルな出来事だった。そんな皮肉な位相こそ、日本が抱えた矛盾そのものが論理的に、オートマティカルに表出したものだ。

日本国憲法前文の姑息《こそく》なレトリックは、広島平和公園の、あの恥ずかしい、主語が不明確な「あやまちは繰り返しません」という言葉に通じるものだ。

奥克彦と井ノ上正盛両氏は、日本国憲法だけでなく、あの平和公園の〈呪文〉にも殺されてしまったのかもしれない。

残念ながら『ラスト サムライ』の世界と程遠く、日本人の〈名誉〉と誇りを、自衛隊から遮断《しゃだん》する憲法は変わらないまま、自衛隊はイラクへ行った。だが、だからこそ、自衛隊が比類ない〈名誉〉を獲得しているという逆説の中で、みごとに国軍となり得ているのだ。その証拠に、彼ら平成の戦士たちは遺書を残してイラクへ赴いていたのだ。

自衛隊のイラク派兵が閣議決定されてから三日後の平成十五年（二〇〇三）十二月十二日、井ノ上正盛氏の妻、幸乃さんが北九州市の病院で女児を無事出産した。奥、井ノ上両氏が非業の死を遂げてから十三日後のことだった。

あとがき

「はじめに」にも書いたように、本書は平成十五年（二〇〇三）から平成十六年（二〇〇四）にかけて雑誌に発表した拙稿に手を加え、新たに書き下ろした「〈反日ファシズム〉の襲撃」を加えたものだ。

二年前に『八咫烏の軌跡』（出版芸術社）を上梓したとき、次の著作が本書のような内容になるとは夢想だにしなかった。

日韓ワールドカップを取材しているときから、何か違和感のようなものを感じ始め、それがピッチ（サッカー競技場の競技を行う部分）内の出来事に対する違和感ではなく、当時のメディアに向けられたものであると気づいたとき、私は横浜国際総合競技場で、優勝したブラジル代表の表彰式を記者席から観ていた。

本書に収録した「終わりなき中国の『反日』——アジアカップ中国大会で見えたもの」でも触れたが、書こうという対象がスポーツを超えたものになってしまった場合、スポーツを表現する言語で書くことは不可能だし、スポーツメディアでの表現も不適切で、限界になってしまう。

だが、それだけでは自分をどうしたらいいのか皆目分からず、迷路に入り込んだような状態だった。

ワールドカップの余韻を、楽しみながら、あるいは悶々としながら、平成十四年（二〇〇二）の夏を過ごしていたとき、金完燮氏の『親日派のための弁明』（草思社）に出合った。

彼と直ちに会い、話をしてワールドカップで感じた違和感も解けたとき、小泉首相の北朝鮮訪問が発表された。

多くの人がそうだったように、九月十七日の小泉訪朝は、私にとっても忘れられない日となった。そして、何かが大きく私を動かし、スポーツを取材する日常が救う会と家族会を追う日常へと大きく変化した。

そのような経緯を踏まえて書かれたものが平成十五年三月に『現代コリア』に発表した「メディアの解体」だった。これは主に平成十二年（二〇〇二）十二月に書かれ、その段階で『諸君！』編集部の松崎匠氏の良きアドバイスを受けたことに感謝したい。

いま振り返ると、自分の書くテーマがまるで時代に憑《つ》かれたように変化したのは、単なる偶然ではない。

初めての著書だった『F1グランプリ』（日本能率協会）を上梓したのは平成二年（一九九〇）だったが、そのあとも、グランプリを取材しながらサッカーを取材対象にし始めていた。

この二年間で、スポーツというジャンルから他分野へ大きく踏み込んだのは事実だが、それも自然な流れだったのだろう。

時代は刻々と変化する。本書の最後の校正作業に入っている段階でも、十月二十一日の『産経新聞』がスクープした「ゼネコン十社訪朝計画　インフラ視察、総連が招待　出国後に突然中止」という報道も飛び込んできた。

拉致被害者を顧みないばかりか、交戦中の敵国と利権の相談をしようとする信じられない日本人もいるのだ。また、十月二十六日には、韓国の与党議員が、日本の首相をはじめとする閣僚の靖国神社参拝の中断と韓国人の靖国神社合祀中止を求める決議案を与党議員五十人と国会に提出するという、まるでＳＦのようなニュースも伝えられた。

際限なく狂い始めた韓国が今後どこまで落ちていくのか、ある意味歴史的な好奇心もそそられる。だが、〈内政干渉〉を通り越した理解不能なそんな動きがどのようなベクトルを持つのか注視しなければならない。

本書で書いたように、日韓関係は底無しの無間地獄の中を漂流《ただよ》い出したのではないか。そういう韓国の狂気が日本の反日勢力と結びつけば、冗談では済まされない危機に私たちは直面するだろう。今こそ、私たちは〈主体的に〉日本の現状と行く末に関わらなければならない。今後四年間で日本が生き残れるかどうかが決するのではないだろうか。

本書の内容の対象となっている平成十四年からの足掛け三年で、変化したのは私ではなく、日本全体はもちろん、日本を取り巻く北東アジアの情勢が目まぐるしく変化し始めたのだ。

日本の変化は、繰り返しになるが、ワールドカップの体験が最初のジャンプ台となり、小泉訪朝が次のステップを用意していた。

つまり、この三年間の出来事は朝鮮半島ダブルショックが日本を襲い、そこから戦後日本の常識を崩壊させていく新しい時代の幕開けとなったのだ。そんな時代の波を感知した人は、日本をせめて〈普通の国〉にしようという新鮮な意欲に駆られているはずだ。

TBSの石原都知事発言捏造《ねつぞう》報道や、『週刊ヤングジャンプ』の南京虐殺を事実のように取り上げた『国が燃える』への抗議活動、そして、外国人参政権法案への抗議や台湾の高砂義勇兵慰霊碑の保存活動などに、普通の人々も声を挙げてアンガジェできるようになってきた。そんなサイレントマジョリティの動きはこれからますます活性化していくだろう。

本書はPHP研究所学芸出版部副編集長の白石泰稔氏の励ましと、ご尽力がなければ出版まで漕ぎ着けられることはなかっただろう。心より感謝申し上げる。

また、同出版部の細矢節子さんのサポートにも助けられた。昨年、いろいろとお世話になった『諸君！』編集長の細井秀雄氏、叱咤激励していただいた『正論』編集部編集部長の上島嘉郎氏にも謝意を申し上げたい。

そして、何よりも、私にとって初めてのジャンルに手を染めた「メディアの解体」に、好意的なご批評を下さり、激励をいただいた西尾幹二氏に心からのお礼を申し上げる。

西村幸祐

平成十六年十月

本書は、二〇〇四年十二月、PHP研究所から発売された単行本『「反日」の構造　中国、韓国、北朝鮮を煽っているのは誰か』に加筆・修正し、文庫化したものです。

文芸社文庫

「反日」の構造

中国、韓国、北朝鮮を煽っているのは誰か

二〇一二年二月十五日　初版第一刷発行
二〇一二年九月十日　初版第三刷発行

著　者　西村幸祐

発行者　瓜谷綱延
発行所　株式会社　文芸社
〒一六〇-〇〇二二
東京都新宿区新宿一-一〇-一
電話　〇三-五三六九-三〇六〇（編集）
〇三-五三六九-二二九九（販売）
印刷所　図書印刷株式会社
装幀者　三村淳

ISBN978-4-286-12041-6

［文芸社文庫　既刊本］

定年と読書
鷲田小彌太

読書の本当の効用を説き、知的エネルギーに溢れた生き方をすすめる、画期的な読書術。本を読む人はいい顔の持ち主。本を読まないと老化する。

心の掃除で病気は治る
帯津良一

帯津流「いのち」の力の引き出し方をわかりやすく解説。病気の方はもちろん、不調を感じている方、「健康」や「死」の本質を知りたい方にお勧め！

戦争と平和
吉本隆明

「戦争は阻止できるのか」戦争と平和を論じた表題作ほか、「近代文学の宿命」「吉本隆明の日常」等、危機の時代にむけて、知の巨人が提言する。

忘れないあのこと、戦争
早乙女勝元選

先の大戦から半世紀以上。今だからこそ、風化した戦争の記憶、歴史の彼方に忘れられようとしている戦争の体験を残したい。42人の過酷な記録。

自壊する中国
宮崎正弘

チュニジア、エジプト、リビアとネット革命の嵐が、中国をも覆うのか?ネットによる民主化ドミノをはねのけるべく、中国が仕掛ける恐るべき策動。